W0187105

LECTURA eficaz

Juegos de lectura

185

El extraño caso del potingue rojo

Bruño

Para ti

- **Presta atención a la explicación de tu profesor o profesora. Después, señala si son verdaderos (V) o falsos (F) cada uno de estos enunciados:**

	V	F
Al hacer los juegos de lectura, pongo la máxima atención.		
Las soluciones las escribo con lapicero, para poder borrar si me equivoco.		
Realizo los juegos aunque no los entienda.		
Los capítulos del libro los leo siempre en voz alta.		
No necesito estar atento para hacer los juegos de lectura.		
Los juegos de lectura nunca se corrigen.		
Antes de realizar un juego, me aseguro de cómo se hace.		
Escribo las soluciones con bolígrafo. Nunca necesito borrar las respuestas.		
Leo los capítulos del libro en silencio.		

A ver si adivinas...

- **¿En qué te ayuda a mejorar cada juego? Relaciona con flechas.**

Atención •	• A comprender todo tipo de textos.
Vocabulario •	• A no distraerte cuando lees.
Sintaxis •	• A acordarte de todo.
Memoria •	• A conocer el significado de las palabras.
Comprensión •	• A emplear bien el lenguaje.
Habilidad visual •	• A leer con menos esfuerzo.

Antes de leer

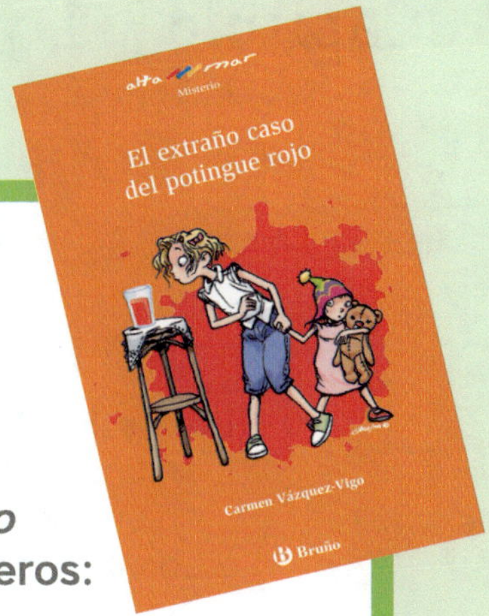

Toma la portada del libro *El extraño caso del potingue rojo* y contesta a estas preguntas dialogando con tus compañeros:

1. ¿Qué ves en la portada? ¿Qué les puede suceder a esas dos niñas? ¿Qué será ese extraño potingue que hay sobre el taburete?
2. ¿Sabes qué es un potingue? ¿De qué crees que tratará la historia?
3. ¿Te parece que la historia se desarrollará en el presente o en una época pasada? ¿Por qué?
4. Piensa en el título. ¿Alguna vez has visto o has tenido que beberte un potingue rojo? ¿Y alguna medicina?
5. ¿Te parece un título atractivo? Pensando en la historia que has imaginado, ¿le pondrías otro título?
6. ¿Cómo se llama la autora? ¿Sabes algo de ella? ¿Dónde puedes encontrar información sobre la misma?
7. Vamos a leer el resumen que aparece en la contraportada del libro. ¿Lo que dice de la historia, se parece a la idea que te habías hecho de ella?
8. ¿Te parece una historia realista o fantástica? ¿Crees que el título es original?
9. ¿Será un libro divertido o serio?

¿Tienes ganas de desvelar el extraño caso del potingue rojo? ¡Pues adelante!

Capítulo 1 Alimentación y joyería

Señala la respuesta correcta:

1. Nicolás llevaba las moras...
a. en una bolsa de papel.
b. en una cesta.
c. en una mochila.

2. Torredemar es...
a. una ciudad encantadora.
b. un pueblo de montaña.
c. un pueblo de pescadores.

3. ¿Qué hacía Nicolás para vender?
a. Ponía precios muy baratos.
b. Se ponía pesado con los turistas.
c. Ofrecía las mejores moras.

4. Nieves pasaba aquellas vacaciones...
a. cuidando a su hermana.
b. bañándose en la playa.
c. en la ciudad con sus padres.

5. Nieves y Nicolás se llevaban...
a. muy bien.
b. mal, siempre estaban discutiendo.
c. bien, pero discutían a veces.

6. Según Nicolás, Nieves era...
a. muy guapa.
b. muy chinche.
c. muy buena estudiante.

7. ¿Cómo era Marian?
a. Muy aburrida.
b. Una niña muy pesada.
c. Una niña diferente a las demás.

8. Nieves quería vender...
a. collares hechos con pasta.
b. collares de conchas.
c. collares hawaianos.

9. ¿Para qué quería el dinero Nieves?
a. Para comprarle un patinete a Marian.
b. No lo termina de decir.
c. Era un secreto.

10. Nieves quería que Nicolás le ayudase...
a. vendiendo los collares.
b. explicándole sus trucos.
c. dejándola ir con él a vender.

11. Nicolás pensó sobre ir con Nieves...
a. que vendería más Nieves que él.
b. que eran muchos para ir a vender.
c. que eran pocos para ir a vender.

12. ¿Por qué Repe saludaba con el silbato?
a. Porque quería ser policía de tráfico.
b. Para llamar la atención.
c. Porque quería ser árbitro de fútbol.

13. ¿Qué vendía Repe a los turistas?
a. Banderines del pueblo con un corazón.
b. Banderines del pueblo con el escudo.
c. Banderines de equipos de fútbol.

14. ¿Qué era lo que más necesitaba Nieves?
a. Dinero.
b. Alguien que cuidara a Marian.
c. Unos buenos amigos.

15. Finalmente, Nieves decidió...
a. pedir ayuda a los demás amigos.
b. hacer banderines con Repe.
c. ir a vender sola con Marian.

16. ¿A Marian le gustaban los collares?
a. Sí, mucho.
b. No, le parecían muy feos.
c. No se sabe porque no habla.

17. ¿Qué parecía Marian con los collares?
a. Una princesita.
b. Una bailarina.
c. Una hawaiana.

18. La principal habilidad de Nicolás era...
a. conseguir dinero.
b. superar las dificultades.
c. engañar a todo el mundo.

19. ¿Cuál es el personaje más positivo?
a. Nicolás.
b. Nieves.
c. Repe.

20. ¿A qué se parecía el cielo del atardecer?
a. A un cartel de anuncio.
b. A una película.
c. A un cuadro de pintura.

Deduce el significado

Busca las palabras del listado en la página del libro que se indica para tratar de averiguar su significado. Luego marca la definición correcta.

- mercancía (página 9)
  - ☐ Todo aquello que se puede vender y comprar.
  - ☐ Pieza de los mercados de las ciudades o pueblos.
- dunas (página 10)
  - ☐ Acumulación de arena en el desierto o en la costa.
  - ☐ Grandes olas que se producen cuando el mar está agitado.
- celofán (página 10)
  - ☐ Rollo de celo muy grande y correoso.
  - ☐ Papel transparente de colores que se usa para envolver.
- reservado (página 13)
  - ☐ Que no manifiesta sus ideas y pensamientos.
  - ☐ Que está metido en una zona donde no se puede acceder.
- chinche (página 13)
  - ☐ Masculino de chincheta.
  - ☐ Persona molesta, pesada y que fastidia.
- convincente (página 16)
  - ☐ Capaz de convencer a los demás.
  - ☐ Que tiene la conciencia tranquila por su bondad.
- borla (página 15)
  - ☐ Bola de tejido que se pone en la punta de los gorros.
  - ☐ Bola de grasa que se usa en las recetas de cocina.

Sopa de letras

Busca rápidamente las palabras del recuadro en la sopa de letras. Con las letras que sobran forma una oración sobre lo que tenía que hacer Nieves ese verano.

P	A	S	A	R	S	E	L	A	S	V	V
A	B	C	H	A	W	A	I	A	N	A	A
C	A	I	O	M	N	E	S	P	E	C	N
D	N	S	E	N	O	R	R	A	C	A	M
I	D	E	E	N	T	R	E	D	O	C	E
V	E	R	N	A	N	I	A	T	Ñ	I	A
A	R	A	L	A	Q	U	I	S	E	O	N
O	I	L	S	E	P	S	O	D	I	N	A
D	N	L	E	J	O	A	R	S	O	E	L
A	E	O	T	U	R	I	S	T	A	S	N
I	S	C	U	E	T	E	N	I	T	A	P
N	R	A	T	O	O	R	T	I	B	R	Á

MORAS	VACACIONES
MACARRONES	COLLARES
BANDERINES	HAWAIANA
OSITO	TURISTAS
ÁRBITRO	PATINETE

A ver si recuerdas

- **Observa las parejas de dibujos y tacha los que no se correspondan con lo que cuenta el capítulo «Alimentación y joyería».**

Cuestión de lógica

- **Escribe el número de cada personaje junto a las características que definen su personalidad. Ten en cuenta que todas ellas aparecen en masculino y singular, independientemente del personaje al que correspondan. Luego explica qué pista te ha ayudado a descubrir a cada personaje.**

1. Nicolás **2.** Marian **3.** Nieves **4.** Repe **5.** Padres de Nieves

- ☐ Cuida de sus mayores cuando tienen problemas de salud.
- ☐ Incansable, se supera ante los problemas que le surgen.
- ☐ Resignado, inseguro, dubitativo, intenta conseguir sus objetivos.
- ☐ Soñador, reiterativo y deseoso de poner orden al juego de los demás.
- ☐ Distinto, indiferente, raro, necesitado y silencioso.

Reconstruye el texto

- **Ordena estas oraciones para formar un texto con sentido.**

☐ Si hubiera tenido valor, se lo habría dicho a sus padres; pero lo único que hizo fue preguntar cuándo volverían.

☐ Ella también hubiera querido ir. Recordaba lo que había disfrutado cuando estuvo por Navidad.

☐ ¡Vaya suerte! Pasarse las vacaciones pendiente de una niña a la que no se podía dejar sola ni un minuto.

☐ Nieves balanceaba una bolsa de plástico bastante llena. Ayudaba a su abuela, y con más motivo ahora que sus padres habían ido a visitar a los otros abuelos.

☐ Nieves fue al encuentro de Nicolás sin soltar la mano de su hermana.

Solo con los ojos

- **Contesta a la pregunta de cada cuadro lo más rápido que puedas.**

d	y	g	k
l	f	u	d
k	i	r	l
d	u	r	i

¿Qué letra aparece tres veces? ____________

O	M	L	C
L	P	E	B
M	U	R	Ñ
E	A	S	Z

¿Qué letras están repetidas? ____________

2	4	0	8
8	3	1	6
9	0	4	1
2	6	3	6

¿Qué número no se repite? ____________

T	H	V	T
N	A	X	Z
A	K	N	Z
X	V	Y	L

¿Qué letras no se repiten? ____________

1	9	3	4
2	8	2	7
5	9	8	1
7	4	3	5

¿Qué número del 1 al 9 no aparece? ________

p	d	q	b
d	b	p	q
q	p	b	d
b	q	d	p

¿Cuántas veces aparece la letra b? ______

Dicen lo contrario

Une con flechas las palabras que signifiquen lo contrario. Luego inventa una oración con cada palabra de la columna derecha.

Elegante •	• Afirmaba
Bruto •	• Descuido
Negaba •	• Cuidadoso
Interés •	• Decaído
Animado •	• Hortera

1. ______________________
2. ______________________
3. ______________________
4. ______________________
5. ______________________

Palabras repetidas

Escribe las palabras que se repiten en cada columna y cuántas veces lo hacen.

A	B	C
Moras	Verbo	Huerta
Nicolás	Arena	Bonito
Padre	Pensó	Edad
Nicolás	Primo	Tiempo
Bueno	Justo	Marian
Playa	Repe	Bonito
Mejor	Nariz	Tiempo
Veces	Primo	Tiempo
Playa	Hasta	Brazo
Toros	Repe	Marian
Único	Luego	Tierra
Tarde	Arena	Tiempo
Moras	Arena	Bonito
Nicolás	Tarde	Hombro
Playa	Repe	Solo

	Palabras	Veces
A	____	____
	____	____
	____	____
B	____	____
	____	____
	____	____
C	____	____
	____	____
	____	____

Lee a tu alrededor: una receta

Nicolás ha pensado hacer mermelada con las moras que no va a vender, antes de que se estropeen. Lee atentamente la receta que utiliza y contesta a las preguntas.

Receta de mermelada de moras

Ingrediente:

1 kg de moras • 400 g de azúcar • Zumo de medio limón

Elaboración:

Lava las moras y mételas en una cazuela con el azúcar y el zumo de limón. Déjalas reposar unas horas.

Pon la cazuela a fuego medio y deja hervir unos 35-40 minutos, removiendo de vez en cuando y retirando la espuma. Cuando la mermelada esté lista, retírala del fuego.

Si se desea una textura más fina, se puede triturar con la batidora o el pasapurés.

Envasado en tarro:

Rellena unos tarros de cristal, previamente lavados, con la mermelada y ciérralos bien. Para conseguir que queden al vacío, colócalos boca abajo y mantéenlos así durante 24 horas.

También puedes cerrarlos herméticamente al baño maría, ponerlos a fuego lento y dejarlos unos 30 minutos desde que el agua rompa a hervir. Después, déjalos enfriar y sécalos.

De este modo, la mermelada se conservará perfectamente durante unos meses.

1. **¿Cuánto tiempo se tarda en elaborar la mermelada?**
   - ☐ 35-40 min + 6 horas.
   - ☐ Unas horas de reposo + 35-40 min.
   - ☐ 35-40 min + unas horas de reposo.
2. **¿Qué es poner al «baño maría»?**
   - ☐ Meter en una caja de galletas.
   - ☐ Calentar un recipiente dentro de otro con agua hirviendo.
   - ☐ Remojar en la bañera caliente.
3. **Esta receta es de...**
   - ☐ Un postre.
   - ☐ Un condimento.
   - ☐ Una conserva.

   ¿En qué dato te has fijado para la respuesta?

   ____
4. **Explica qué son los ingredientes.**

   ____
5. **Comenta por qué esta es una receta sencilla y natural.**

   ____

Capítulo 2 Invasores y aborígenes

Señala la respuesta correcta:

1. **Los chicos estaban enfadados porque...**
   a. todos querían llevar la razón.
   b. hacía mal tiempo.
   c. Marian se había quemado.
   d. no se sabe el motivo.

2. **Vicente quería escribir...**
   a. un poema al sol de Torredemar.
   b. una oda al sol de Torredemar.
   c. la historia de Torredemar en verso.
   d. un folleto turístico.

3. **¿Quién fue a Eurovisión?**
   a. Marcial el de la pollería.
   b. Pepe el alcalde.
   c. Patricio el de la carnicería.
   d. Pascual el de la charcutería.

4. **¿Qué le ocurrió a Marian?**
   a. Que se quemó con una taza.
   b. Que se quemó con un buñuelo.
   c. Que se mordió la lengua.
   d. Que se cortó el dedo con un cuchillo.

5. **La abuela creía que los turistas...**
   a. eran buenos para el pueblo.
   b. estropeaban el ambiente.
   c. armaban mucho jaleo.
   d. deberían marcharse.

6. **¿Por qué no tenía Nieves ningún animal?**
   a. Porque a Marian le daban miedo.
   b. Porque no le gustaban.
   c. Porque costaban muy caros.
   d. Porque sus padres no la dejaban.

7. **Los chicos querían que los extranjeros...**
   a. les declarasen la guerra.
   b. fuesen sus amigos.
   c. se marcharan del pueblo.
   d. respetaran sus derechos.

8. **Nicolás decía que él...**
   a. no era un indígena.
   b. no quería formar parte de la liga.
   c. estaba cansado de comer buñuelos.
   d. buscaba otro tipo de juegos.

9. **¿Cuál fue la propuesta de Aurelia?**
   a. Que se dejaran de tonterías.
   b. Que usaran siglas para la liga.
   c. Que plantasen cara a los extranjeros.
   d. Que se llamaran pobladores de Torredemar.

10. **Vicente iba a encargarse de escribir...**
   a. los estatutos de la asociación.
   b. los nombres de los aborígenes.
   c. los mandamientos de los extranjeros.
   d. los derechos de los aborígenes.

Contesta a las preguntas:

1. **¿Qué recordó la abuela de Nieves?**

2. **¿Qué era lo que más preocupaba a los niños del pueblo?**

3. **¿Qué proponía Vicente?**

4. **A algunos chicos no les gustaban las palabras *indígenas, aborígenes* y *originarios* porque...**

5. **La única vez que se desmandó algo en Torredemar fue cuando...**

Deduce el significado

Busca las palabras del listado en la página del libro que se indica e intenta averiguar su significado. Escribe después las palabras del recuadro que tienen que ver con el significado de cada una de ellas. Guíate por los colores.

- guiris (página 28) ________________
- indignación (página 31) ________________
- aborígenes (página 34) ________________
- legítimo (página 35) ________________
- estatutos (página 36) ________________
- manifiesto (página 36) ________________
- desmandarse (página 37) ________________

auténtico	reglamento	nativos
declaración	turistas extranjeros	esfuerzos
esconderse	mandato	letal
indígenas	lejano	rebelarse
listas	ambientación	raros
guindas	huelga	oriundos
ira	destuirse	enfado

Texto numerado

Lee el texto numerado y escribe en qué línea aparecen las palabras del listado:

1 Los tres estaban sentados
2 a la mesa de la cocina,
3 esperando que salieran de la sartén.
4 Además, se presentaron
5 Repe, Vicente y su hermana Laura,
6 que vivían en la casa de al lado
7 y leían todo lo que pillaban.
8 Para vender en la playa,
9 a Vicente se le había ocurrido
10 escribir la historia de Torredemar
11 en verso, con letra gótica
12 y en cartulina de color butano,
13 para que resaltara.
14 Un trabajo hecho a conciencia que,
15 sin embargo, la gente no apreciaba.
16 De eso se estaba lamentando:
17 —No saco ni para chicles.
18 Laura le dio su opinión:
19 —Son extranjeros,
20 no entienden ni una papa.

- pillaban: ____
- saco: ____
- playa: ____
- trabajo: ____
- verso: ____
- butano: ____
- cocina: ____
- opinión: ____
- esperando: ____
- apreciaba: ____

A ver si recuerdas

- **Ordena las viñetas del 1 al 6 según el orden en que aparecen en el texto del capítulo «Invasores y aborígenes».**

☐ 

☐ 

☐ 

☐ 

☐ 

☐ 

Cuestión de lógica

- **Aquí tienes las servilletas de los miembros de ADEPOT tal y como Aurelia las encontró después de la merienda. Averigua quién usó cada una.**

1. ____________

2. ____________

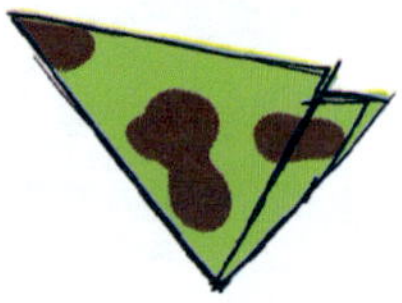

3. ____________

4. ____________

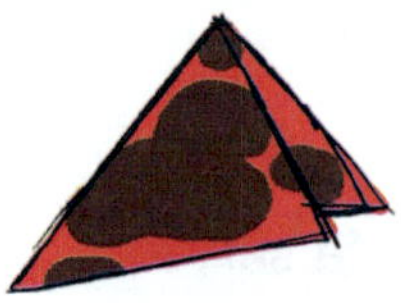

5. ____________

Pistas

- Las servilletas verdes son de Vicente y de Repe.
- La servilleta de Nicolás está entre la de Nieves y la de Repe.
- A Laura se le cayó el chocolate encima de su servilleta.

- **Explica qué características te han ayudado a descubrir a cada personaje.**

1. ____
2. ____
3. ____
4. ____
5. ____

Adjetivos

Completa cada nombre de la columna izquierda con el adjetivo del recuadro que consideres más apropiado. Luego escribe una oración con cada pareja.

- buñuelos ______________________
- historia ______________________
- aceite ______________________
- color ______________________
- zapatilla ______________________
- argumento ______________________

butano • indiscutible • humeante • interesante • calentitos • chulísima

1. ______________________
2. ______________________
3. ______________________
4. ______________________
5. ______________________
6. ______________________

La lupa

Busca y rodea en esta cocina tan desordenada los objetos del recuadro.

cuchara de madera
reloj de pulsera
tetera
gafas
tijeras
llave
gorra azul
bola de billar
raqueta de tenis
serpiente de plástico

Expresiones

Relaciona cada expresión con su explicación. Luego, escoge tres de ellas y escribe una oración con cada una. Compártelas con tus compañeros.

1. Llenar la hucha.
2. Sin pararse en menudencias.
3. Hecho a conciencia.
4. En todos los frentes.
5. Lleno de entusiasmo bélico.

- [ ] Realizado con todo detalle e interés.
- [ ] Con ganas de guerra.
- [ ] Ganar dinero.
- [ ] No entretenerse en detalles poco importantes.
- [ ] Encontrarse en diferentes lugares.

- ______________________________
- ______________________________
- ______________________________

Palabras diferentes

Señala las parejas de palabras que son diferentes.

bolsillo	bolsillo	
semejante	semejante	
asombrados	asustados	
ignorancia	ignorancia	
asociación	asociación	
reportera	repostera	
diferencia	deferencia	
naturalidad	naturalidad	
petardos	petardos	
completar	compensar	
alcanzaron	alteraron	

repartimos	repetimos	
desmandado	desmentido	
mandamientos	mandamientos	
manifiesto	manifiesto	
buñuelos	buñuelos	
sorprendida	sorpresiva	
propuesta	pospuesta	
invasores	invasores	
demasiado	demasiado	
principio	principio	
enciende	enmiende	

Lee a tu alrededor: unas normas

A Vicente se le ocurrió formar una Asociación para la Defensa de los Pobladores de Torredemar (ADEPOT). Lee las normas y contesta a las preguntas.

NORMAS DE LA ASOCIACIÓN ADEPOT

1. Se constituye la Asociación para la Defensa de los Pobladores de Torredemar (ADEPOT) con el objetivo de defender los derechos de los habitantes de Torredemar, frente a los veraneantes.
2. Podrán ser miembros de la Asociación para la Defensa de los Pobladores de Torredemar todos los niños y niñas que vivan habitualmente en el pueblo.
3. Los miembros de ADEPOT tienen derecho a patinar en la alameda de manera prioritaria. Solo si ellos no la utilizan, podrán hacerlo los extranjeros.
4. Los habitantes de Torredemar, miembros de ADEPOT, no tendrán que hacer cola en el tobogán del parque, pasarán automáticamente los primeros tantas veces como lo deseen.
5. Solo los miembros de ADEPOT tendrán derecho a jugar con las tortugas del estanque, comprometiéndose, a la vez, a cuidarlas y respetarlas. También velarán porque no les falte el necesario alimento, avisando a los servicios de parques del ayuntamiento.
6. En el puesto de churros se establecerán dos colas: una para los miembros de ADEPOT, que tendrán preferencia para ser atendidos, y una segunda para los turistas.
7. Los integrantes de ADEPOT tendrán derecho a vender a los turistas de la playa los productos que consideren oportunos y estos tendrán la obligación de atenderlos con respeto.
8. Todos los asociados de ADEPOT tendrán la obligación ineludible de cuidar y respetar las instalaciones del pueblo y dar a conocer y hacer cumplir esta normativa a todos los habitantes y visitantes de Torredemar.

1. Hay una norma que refiere derechos y obligaciones, ¿cuál es?
   - ☐ La número cinco.
   - ☐ La número seis.
   - ☐ La última.
2. Enumera las normas en las que se reconozcan derechos de los miembros de ADEPOT.

   ____
3. Escribe el número de la norma que te parece más adecuada y luego el de la que lo sea menos.
   - Adecuada: ____ ¿Por qué? ______________________
   - No adecuada: ____ ¿Por qué? ______________________
4. ¿Cuál es tu opinión sobre las normas que han elaborado los niños?

   ____
5. Añade una norma que consideres oportuna para completar las de ADEPOT.

   ____

Señala la respuesta correcta:

1. **Marian manchó a Puchi intentando...**
   a. que bebiera un poco de chocolate.
   b. que se comiera un buñuelo.
   c. que se bañara en un charco.
2. **La historia de Aurelia transcurre...**
   a. en un antiguo convento.
   b. en un castillo encantado.
   c. en una casa abandonada.
3. **¿Qué color prefería la misteriosa mujer?**
   a. Rojo.
   b. Negro.
   c. Violeta.
4. **¿Cómo llamaba al perro?**
   a. Adán.
   b. Caín.
   c. Pluto.
5. **La gente decía que la extranjera...**
   a. estaba loca.
   b. devoraba niños.
   c. era una bruja.
6. **El nombre de la extraña dama era...**
   a. Margaret Jekyll.
   b. Martha Jekyll.
   c. Mathilda Jeffersons.
7. **¿Por qué la buscaba la prensa?**
   a. Porque era muy rica.
   b. Porque era hija de un presidente.
   c. Por descender de un médico famoso.
8. **¿Cómo describía al perro el cartel?**
   a. Horroroso caníbal.
   b. Espantoso caníbal.
   c. Horroroso monstruo.
9. **¿Por qué se fueron los periodistas?**
   a. Porque temían al perro.
   b. Porque la extranjera les disparó.
   c. Por miedo a que fuera una bruja.
10. **¿Dónde estaba ahora la extranjera?**
   a. En su vieja casa.
   b. En la cárcel por disparar a los periodistas.
   c. Nadie lo sabía.
11. **Nieves era fan de...**
   a. Fátima.
   b. Rebeca.
   c. Fabiola.
12. **¿Cómo pensaba Nieves ir al concierto?**
   a. Aún no tenía ni idea.
   b. Dejando a Marian con su abuela.
   c. Vendiendo collares en la playa.
13. **Mientras pensaba en el concierto, Marian...**
   a. se había dormido hacía rato.
   b. había metido a Puchi en el agua.
   c. se había bañado sola.
14. **¿Qué hizo Nieves entonces?**
   a. Bañarlos a los dos.
   b. Lavar a Puchi y acostar a Marian.
   c. Darle una bofetada a Marian.
15. **Marian no podía dormirse...**
   a. si su hermana no le cantaba una nana.
   b. si no tenía el osito.
   c. si estaba sola.
16. **Nieves intentó dormir a Marian...**
   a. cantándole una nana.
   b. poniéndole música.
   c. a la fuerza.
17. **¿Qué pensaba a veces Nieves?**
   a. Que Marian actuaba para salirse con la suya.
   b. Que Marian era una niña muy mala.
   c. Que sus padres eran muy injustos.
18. **Cuando Nieves le dio un cachete...**
   a. Marian lloró.
   b. Se le humedecieron los ojos.
   c. Marian se quedó dormida.
19. **¿Dónde se quedaron dormidas por fin?**
   a. En la cama.
   b. En el sofá.
   c. En la mecedora.
20. **¿Era Nieves una niña responsable?**
   a. No, porque pegó a su hermana.
   b. Sí, porque cuida a su hermana todo el tiempo.
   c. No puede saberse.

Deduce el significado

Busca las palabras en la página del libro que se indica e intenta averiguar su significado. Escribe debajo la definición ordenando las palabras que aparecen a su derecha.

- insistencia (página 39): con un objetivo. repetidamente Hacer algo

- rumorear (página 42): algo de boca Cotillear y pasar en boca.

- barullo (página 42): de gentes clases. o cosas Confusión, desorden, mezcla de varias

- consideración (página 44): algo. interés Preocupación e por

- ausencia (página 46): privación Falta algo. o de

- vaivén (página 47): o hacia los lados. un cuerpo hacia delante y hacia atrás Movimiento de

- simular (página 49): fingiendo o no es. imitando Representar algo, lo que

Columnas

Lee estas palabras siguiendo la línea central e intenta recordarlas. Cuando se te indique, pasa a la página siguiente.

tres	días
osito	tarde
sartén	perro
grifos	bañar
artistas	caníbal
memoria	horroroso
mecedora	periodistas
extranjera	compartían
asombrada	exclamación
sobresaltada	perdigonadas

Recuerda

- Subraya las palabras de estas columnas que aparecían en la actividad anterior.

gente	cariño	asombrada
buñuelos	pulgar	estanque
horroroso	botiquín	negocio
grifos	alameda	camiseta
fotos	caníbal	fantasma
chicles	tobogán	exclamación
tarde	versos	regalo
mantelito	comerciante	miedo

Idea principal

- Marca con una cruz la oración que mejor resuma el capítulo «Concierto y brujería». Luego justifica brevemente tu respuesta.

- [ ] A veces, es buena una bofetada a tiempo.
- [ ] Un montón de misterios y de problemas.
- [ ] El drama del osito mojado.
- [ ] Viejas historias de un pueblo de la costa.

Oraciones intrusas

- **Subraya lo más rápido que puedas las tres oraciones intrusas que se han colado en el texto.**

Cuando los invitados se fueron, Nieves ayudó a su abuela a recoger. Sus amigos lo dejarán todo hecho un asco. Marian, no. Había estado intentando que Puchi comiera un buñuelo y lo único que consiguió fue dejarle el morro más grasiento que antes. Parecía las paletas de un pintor con tantos churretes. Ahora, con la misma insistencia y resultado parecido, pretendía hacerle tragar un plátano.

Cuando acabó de colocar la última taza en el armario, Aurelia se sentó, suspirando. Estaba cansada. Era ya muy viejecito y apenas la quedaban fuerzas. Nieves le preguntó por la vieja historia que había empezado a contar.

—No sé si me acordaré bien, después de tanto tiempo. ¿Conoces la casa abandonada, la que está más allá de la gasolinera? Ese que es todo negro con el tejado verde...

—Hace tiempo que no paso por ahí, pero me han dicho que la están arreglando.

¿Cuántas veces?

- **Cuenta las veces que se repite el nombre del osito de Marian en el recuadro.**

P	U	C	H	I	P	U	C	H	I
U	C	H	I	P	U	C	H	I	P
C	H	I	P	U	C	H	I	P	U
H	I	P	U	C	H	I	P	U	C
I	P	U	C	H	I	P	U	C	H
P	U	C	H	I	P	U	C	H	I
U	C	H	I	P	U	C	H	I	P
C	H	I	P	U	C	H	I	P	U
H	I	P	U	C	H	I	P	U	C

- Número de repeticiones: ______

Palabra intrusa

- **Subraya, en cada recuadro, la palabra que no tiene nada que ver con el significado de las demás que aparecen juntas.**

rojo azul verde nieve amarillo	horrible espantoso horroroso espectacular espeluznante	pena tristeza desolación desdicha daño
ausencia alejamiento partida ahogo abandono	atacar agredir morder asaltar arremeter	cachete puñetazo bofetada torta manotazo

Texto numerado

- **Lee el texto numerado y escribe en qué línea aparecen las palabras del listado.**

1 Nieves llevó a su hermana
2 al dormitorio que las dos compartían.
3 Abrió los grifos de la bañera
4 y, mientras esperaba que se llenara,
5 se sentó en la cama
6 para quitarse las deportivas.
7 En la mesilla, enmarcada,
8 había una fotografía de Fabiola,
9 su artista favorita.
10 Estaba bailando y cantando,
11 rodeada de su banda.
12 A pesar de que aún era una niña,
13 ya había hecho dos películas
14 y sus discos se vendían por miles.
15 Nieves los tenía casi todos,
16 los escuchaba una y otra vez,
17 y se sabía de memoria las canciones.
18 Fabiola era una artista fantástica.

- deportivas: ____
- todos: ____
- mesilla: ____
- discos: ____
- bailando: ____
- banda: ____
- dormitorio: ____
- memoria: ____
- mientras: ____
- miles: ____

Lee a tu alrededor: una noticia

En el periódico local apareció una noticia relacionada con la extraña Margaret Jekyll. Léela atentamente y contesta a las preguntas.

DIARIO DE TORREDEMAR — Página -1-

PERIODISTAS TIROTEADOS

Una extranjera loca tirotea a los periodistas que intentaban entrevistarla

Un suceso lamentable ocurrió en el día de ayer, cuando una extranjera, asentada en el pueblo de Torredemar, tiroteó, con una escopeta de perdigones, a los periodistas que esperaban en la puerta de su domicilio para entrevistarla.

La referida señora era descendiente del doctor Jekyll, famoso médico londinense, protagonista de numerosos hechos fantásticos.

Al enterarse de que se encontraba en dicha villa marinera, donde tenía una vieja casa, los reporteros, cumpliendo con su trabajo, fueron a entrevistarla. Al percatarse de ello, la señora se metió en su casa sin querer salir. Poco después, y viendo que los periodistas seguían apostados en su puerta, les azuzó a su enorme perro, de nombre «Caín». Como los periodistas seguían sin marcharse, sacó una escopeta por la ventana y la emprendió a tiros con los pobres informadores. Estos, muy asustados y temiendo por su vida, abandonaron corriendo la casa de la señora.

Hechos como estos no deben suceder y son muy peligrosos. Al final ha tenido que intervenir la policía. Afortunadamente no hubo heridos y no se presentará una denuncia contra esta mujer.

1. **¿De qué lugar crees que procede la señora Margaret Jekyll?**

   ☐ París. ☐ Londres. ☐ Nueva York.

2. **¿Dónde aparece la noticia?**

   ____

3. **¿Por qué acuden los periodistas a entrevistar a la extranjera?**

   ☐ Es muy famosa. ☐ Está muy loca. ☐ Desciende de un médico famoso.

4. **Escribe las tres formas en que la señora Jekyll intentó que los periodistas se fueran:**

   1.ª ______________________________

   2.ª ______________________________

   3.ª ______________________________

5. **Comenta lo que te ha parecido más significativo de la noticia.**

   ____

Completa el texto a partir de lo que recuerdas de la lectura.

Nieves estaba preocupada porque ______________________ no conseguiría dinero para ir a ver a ______________. Junto a los carteles del concierto, sus amigos habían pegado ______________________ y los ______________

______________ estaban leyéndolos. A Nieves le caían ______________ y no quería meterse en líos con ellos así que evitó ______________________.

Quería pasar por ______________________ y, cuando estuvo delante, vio que la casa había sido ______________________. Se preguntó si estaría habitada y ______________________. Tal vez Margaret habría vuelto a vivir en el pueblo. Si era así, ella podría ______________

____

______________. Mientras miraba la única ventana abierta, comenzó a sonar ______________________.

Nieves se quería ir pero Marian se encaprichó con ______________________ ______________ que trepaba por la verja y se puso a llorar. En ese momento, la música subió de volumen, Marian se escapó, Nieves pegó un grito llamándola y se escuchó una voz ______________ que preguntó: ______________________ Entonces, Nieves cogió a Marian de la mano y ______________________.

Cerca de la playa, se encontró con ______________ y le preguntó que si le sonaba el nombre de ______________________. Él le dijo que le sonaba ______________, pero no ______________ y le explicó que se había leído un libro de terror en el que un tal doctor Jekyll ______________________ y, cuando se la bebía, se convertía ______________________ ______________.

Nieves se preguntaba si alguien más podía ______________________ tomando la pócima misteriosa pero no pudo hablar más con Vicente porque Marian lloraba ______________

____.

Deduce el significado

Busca las palabras en la página del libro que se indica e intenta averiguar su significado. Luego relaciona cada palabra con su definición.

1. estatutos (página 51)
2. chapurrear (página 53)
3. Garibaldi (página 53)
4. ademán (página 53)
5. derruida (página 54)
6. rumor (página 56)
7. apesadumbrada (página 59)
8. canguelo (página 61)

- [ ] Normas de una sociedad o grupo.
- [ ] Gesto con intención de hacer algo.
- [ ] Hablar con dificultad una lengua extranjera.
- [ ] Derribada, casi destruida.
- [ ] Sonido suave.
- [ ] Llena de pesar, de pena.
- [ ] Miedo, temor.
- [ ] Héroe revolucionario italiano.

Lectura en espiral

Siguiendo la dirección de las manecillas del reloj, tal como indican las flechas, lee el contenido del recuadro. Escríbelo al lado. Después compara la respuesta con las de tus compañeros.

L	I	Ó	C	O	R	R	I	E	N
A	O	N	É	L	;	A	T	R	D
S	C	O	D	O	L	O	Q	A	O
Y	R	T	O	L	V	I	U	P	C
O	A	Y	S	N	I	D	E	Ó	O
Z	N	N	E	V	E	Ó	E	A	N
A	A	A	L	P	U	S	S	M	E
R	G	A	B	A	R	E	P	A	L
B	N	U	E	D	N	A	I	R	L
.	S	A	R	T	S	A	R	A	A

A ver si recuerdas

Relaciona cada personaje con las características que se dicen de él o ella en el libro. Ten en cuenta que en algún caso se pueden repetir.

1. Christa

2. Tim

3. Karen

4. Enzo

- Le regaló a Marian una piruleta con forma de margarita: ____
- No habla nada de español: ____
- Sabe que Marian no habla: ____
- Es alemana: ____
- Sabe que el cartel de ADEPOT lo han escrito Nicolás y sus amigos: ____
- Es descendiente de Garibaldi: ____
- Le gusta el Inter de Milán: ____
- Es hijo de españoles: ____

Cuestión de lógica

Adivina quién colocó cada uno de estos carteles. Para ello presta atención a la información que te dan las pistas.

Pistas

- **Nicolás y Repe:** Nuestros carteles están entre el de Vicente y el de Laura.
- **Repe:** ¡Nicolás y Vicente han tapado mi cartel!
- **Laura:** mi cartel es el que está mejor colocado.

1: ____________ 2: ____________ 3: ____________ 4: ____________

Construye oraciones

- **Une correctamente los fragmentos de la columna izquierda con los de la derecha y construye oraciones.**

O vendía los collares •	• en la cabeza de Nieves.
Hacía tiempo que no pasaba por allí •	• procurando ocultarse tras un árbol.
La idea no tardó en saltar a primer plano •	• se le pusieron las orejas coloradas.
Solo de pensarlo •	• su forma y color recuerdan la pasión.
Estiró el cuello cuanto daba de sí •	• o no habría concierto.
Las llaman pasionarias porque •	• anunciara la aparición de Drácula.
De pronto, Nieves sintió la necesidad •	• y sentía curiosidad.
La música aumentó de volumen como si •	• de alejarse de allí cuanto antes.
Nieves dio unos pasos inseguros, •	• pero no pudo ver nada.

Presta mucha atención

- **Busca en este revoltijo de letras y números la respuesta a cada pregunta en el menor tiempo posible.**

- ¿Qué vocal está repetida? ____
- ¿Qué número del 1 al 9 no aparece? ____
- ¿Qué número aparece tres veces? ____
- ¿Qué número está solo una vez? ____
- ¿Cuántas letras mayúsculas hay? ____
- ¿Están las cinco letras necesarias para poder escribir «Puchi»? ____

4 d t 8 i 0 R p
2 m d 1 4 b
7 p l 7 F 9 c
s 8 2 y F j 9
L n r 6 4 d 3
H z U 3 P a K s 6

Dicen lo mismo

Une con flechas las palabras que signifiquen lo mismo. Luego, inventa una oración con cada palabra de la columna derecha.

rumor •	• destrozada
ademán •	• miedo
derruida •	• susurro
apesadumbrada •	• normas
canguelo •	• gesto
estatutos •	• entristecida

1. ______________________________
2. ______________________________
3. ______________________________
4. ______________________________
5. ______________________________
6. ______________________________

Palabras y siluetas

Relaciona cada palabra con su silueta.

1. rejuvenecido
2. rumor
3. perdigones
4. gimotear
5. barnizada
6. torcidos
7. chicos
8. Jekyll

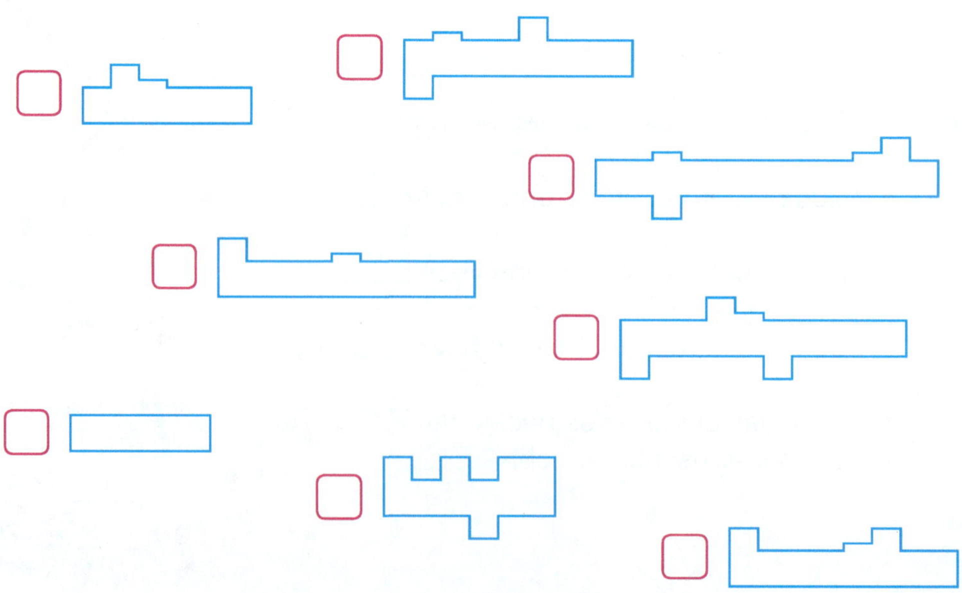

Lee a tu alrededor: un programa de festejos

Torredemar celebra todos los veranos una fiesta dedicada a los turistas que visitan el pueblo. Consulta el programa de festejos y responde a las preguntas.

Fiesta del turista en Torredemar

Programa de festejos

Viernes 15 de agosto

9:00 h *Diana floreada a cargo de la banda municipal.*

12:00 h *Pasacalles de gigantes y cabezudos.*

13:00 h *Pregón Oficial de las Fiestas a cargo del escritor de cuentos infantiles Saturnino Monteagudo, ilustre vecino del pueblo, y degustación gratuita de pescado y vino.*

18:00 h *Competiciones deportivas en la playa: natación, tiro de cuerda, carreras, vóley-playa…*

22:00 h *Inauguración oficial del alumbrado de las calles y bailes populares en la plaza, amenizados por la orquesta «Los Taruguis».*

Sábado 16 de agosto

9:00 h *Diana floreada a cargo de la banda municipal.*

12:00 h *Juegos de agua en el Paseo Marítimo.*

14:00 h *Sardinada popular en los chiringuitos de la playa.*

16:00 h *Final del torneo de fútbol Villa de Torredemar entre el equipo local, Atlético Torredemar, y el Real Unión.*

22:00 h *Gran Concierto de la «supercantante» Fabiola, en el Auditórium Municipal.*

24:00 h *Castillo de fuegos artificiales en la playa.*

Domingo 17 de agosto

9:00 h *Diana floreada a cargo de la banda municipal.*

12:00 h *Juegos populares para los más pequeños, amenizados por los payasos Hermanos Andretty.*

14:00 h *Gran paella popular en la Plaza del Ayuntamiento.*

16:00 h *Chocolatada para las personas de la tercera edad y jubilados.*

22:00 h *Bailes populares en la plaza, amenizados por la orquesta «Los Taruguis».*

23:00 h *Fin de fiesta con gran castillo de fuegos artificiales.*

1. **¿Cuándo son las Fiestas de Torredemar?** ______________________

2. **¿A quiénes se dedicadan las fiestas?** ______________________

3. **¿Cuántos tipos de artistas diferentes actúan en las fiestas? Escríbelos a continuación.**

____

4. **¿Hay algún vecino ilustre en el pueblo? Nómbralo y escribe por qué se le conoce.**

____

5. **¿Cuál es el evento que más te gusta de las fiestas? Explica por qué.**

____

Capítulo 5 Injusticia y desastre

Señala la respuesta correcta:

1. Los turistas se sentaban en la arena...
a. para comprar artesanía.
b. para tomarse una paella.
c. para ver el atardecer.

2. ¿A quiénes vio Nieves por allí?
a. A Laura y a Nicolás.
b. A Repe y a Nicolás.
c. A los chicos extranjeros.

3. ¿Cómo presentó Nieves su mercancía?
a. «Collares...».
b. «Artesanía...».
c. «Bueno, bonito, barato...».

4. Nieves dejó de vender porque...
a. Marian se puso a llorar.
b. nadie quería sus collares.
c. apareció Nicolás.

5. ¿Cómo se sintió Nieves?
a. Como la Sirenita.
b. Como la madrastra de Blancanieves.
c. Como la hermanastra de Cenicienta.

6. Nieves estaba...
a. contenta de cuidar a Marian.
b. cansada de cuidar a Marian.
c. orgullosa de cuidar a Marian.

7. Cuidar a una niña diferente es...
a. demasiada carga para otra niña.
b. como cuidar a cualquier niña.
c. absolutamente imposible.

8. ¿Cómo pretendía Nieves callar a Marian?
a. Dándole un helado.
b. Devolviéndole a Puchi.
c. Encerrándola en un baño.

9. Nieves no quería ir a por el oso porque estaba segura de que...
a. se había caído junto a la casa terrorífica.
b. no lo iba a encontrar.
c. era una tontería.

10. ¿Qué pensaba Nieves de Margaret Jekyll?
a. Que ya no vivía en Torredemar.
b. Que era un invento de Vicente.
c. Que era una verdadera bruja.

11. ¿Qué le gustaría saber a Nieves tras escuchar a Vicente?
a. De qué estaba hecha la poción.
b. Para qué quería Jekyll convertirse en míster Hyde.
c. Convencerse de que podía levantarse.

12. Nieves tenía tiempo porque...
a. aún faltaba para el atardecer.
b. no iba a vender nada aquella tarde.
c. aún no había hablado con Nicolás.

13. Perico era...
a. alto, moreno y pesimista.
b. muy pesimista.
c. gordo, calvo y sonriente.

14. ¿Qué le pidió Nieves a Perico?
a. Que le diera un helado a Marian.
b. Que cuidara de Marian un ratito.
c. Que se llevara a Marian a su casa.

15. El chiringuito de Perico se llamaba...
a. El Mortus Viventi.
b. El Monus Vivende.
c. El Modus Vivendi.

16. ¿Qué tenía de raro la paella del cartel?
a. Que tenía muchas cigalas.
b. Que estaba puesta de frente.
c. Que se le había caído el arroz.

17. Perico era un poco...
a. mentiroso.
b. tonto.
c. egoísta.

18. ¿A quién se encontró Nieves de camino?
a. A Tim.
b. A Laura.
c. A Nicolás.

19. Nicolás le dijo a Nieves que...
a. los guiris estaban arrancando los carteles.
b. iba a la playa a vender moras.
c. sabía dónde estaba Marian.

20. ¿Qué ocurrió con los collares de Nieves?
a. Que se cayeron al suelo y se rompieron.
b. Que Nicolás tropezó con ellos.
c. Que habían desaparecido.

Deduce el significado

Busca las palabras en la página del libro que se indica para tratar de averiguar su significado. Luego relaciona cada palabra con su definición. Ten cuidado, porque están escritas al revés.

1. bumerán (página 65) ☐ .odacilpmoc y licífid ojabarT
2. azarada (página 66) ☐ .adaznogreva ,adatlaserbos ,adajornoS
3. rumiar (página 67) ☐ .neiugla ecerem euq ogitsaC
4. incauto (página 68) ☐ .aicilam eneit on euq ,odidnác ,ounegnI
5. ingeniería (página 71) ☐ .negiro ed otnup la evleuv adaznal res la euq amrA
6. ánimo (página 71) ☐ .datnulov ,nóicnetni
7. merecido (página 72) ☐ .ogla recah a otseupsid ratsE
8. estar por la labor (página 73) ☐ .ogla zerudam y nóixelfer noc rasnep y oicapsed raredisnoC

Texto en espejo

Lee el siguiente texto sacado del capítulo «Injusticia y desastre» y contesta a las preguntas. Ten en cuenta que está escrito como si se viera en un espejo.

Lo que le gustaría saber es para qué querría el doctor Jekyll convertirse en alguien tan horroroso como míster Hyde. Para pasar el rato no sería. Tendría un motivo. Un motivo importante. Pero ¿cuál? Ese debía de ser el secreto que Vicente no llegó a contarle.

Miró al cielo. El sol estaba alto, los veraneantes seguirían un buen rato en el mismo sitio.

1. ¿Qué quería saber Nieves? ______________________________

____

2. ¿Qué suponía Nieves sobre eso? ______________________________

____

3. ¿Qué harían los veraneantes? ______________________________

____

Memoriza las oraciones

- **Memoriza estas cuatro oraciones del capítulo que has leído. Cuando creas que lo has conseguido cierra los juegos de lectura y escríbelas en tu cuaderno.**

  - A lo mejor tiene hambre.
  - Los guiris están arrancando nuestros carteles.
  - Perico era el dueño del chiringuito frecuentado tanto por turistas como por aborígenes.
  - Pues claro. Esta muñequita me va a adornar el establecimiento.

Palabras clave

- **Escribe cuatro palabras clave que puedan ayudarte a resumir el texto que aparece a continuación. Luego explica por qué has elegido cada una.**

Decidida a todo, puso los collares debajo de la nariz de una señora joven que miraba al frente con los ojos muy abiertos, como si temiera perderse el espectáculo si pestañeaba una sola vez.

—Artesanía... —dijo Nieves en voz tan baja que la Señora preguntó:

—¿Qué?

Menos mal, entendía su idioma. Azarada tartamudeó algo más alto:

—Artesanía... Ya sabe..., los hago yo, uno a uno, a mano...

Se daba cuenta de que estaba dando explicaciones que nadie le pedía y de una manera tontísima. Así no entraría nunca en el mundo de los negocios.

—Yo no me pongo esas cosas, hija —dijo la señora.

Era simpática, pero estaba claro que no iba a comprar.

Palabras clave:

1. ____________ ¿Por qué? ____________

2. ____________ ¿Por qué? ____________

3. ____________ ¿Por qué? ____________

4. ____________ ¿Por qué? ____________

Completa el texto

Completa el texto con el número del fragmento del recuadro correspondiente:

Se alejó de allí rumiando ____. Decididamente, Marian era un problema. Cuidarla a todas horas suponía ____. Sabía que hay lugares especiales para niñas como ella. Y aunque pensar en eso no le gustaba, decidió ____, cuando volvieran, para que se hicieran cargo de la situación. Tenían que encontrar ____.

De momento, lo urgente era ____ para que se tranquilizara.

1. que hablaría con sus padres
2. alguna forma de resolverla
3. su mal humor
4. devolverle el oso
5. una pesada obligación

¿Cuántas veces?

Cuenta, solo con los ojos, el número de elementos marinos que se encuentran en la playa. Controla el tiempo que tardas.

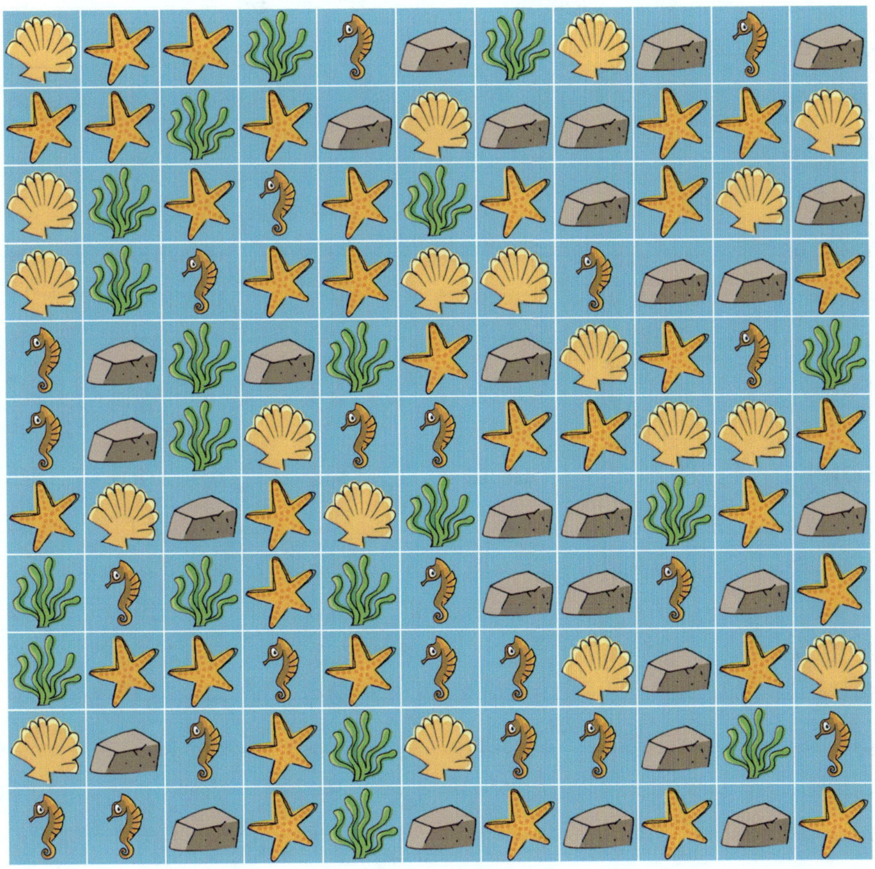

conchas ____

estrellas de mar ____

algas ____

caballitos de mar ____

piedras ____

- Tiempo: ____

Ordena las letras

Ordena las letras hasta formar seis palabras. Después inventa una oración con cada una de ellas.

Letras	Palabras	Oraciones
doreMeci:	________	________________
azarAad:	________	________________
uactoln:	________	________________
moÁin:	________	________________
íaancMerc:	________	________________
ríagenilne:	________	________________

Palabras y números

Escribe los números que corresponden a las palabras y las palabras que corresponden a los números según los recuadros que aparecen debajo.

cortar: ________ 145: ________ pistilo: ________ 543: ________

005: ________ piano: ________ 527: ________ pistas: ________

cuenta: ________ 671: ________ jaleo: ________ 346: ________

collares	039	libélula	001	hormiga	027	cubrir	014
papeles	209	pescado	712	acuarela	918	langosta	477
banderines	400	sable	399	establos	945	pedido	182
perro	757	aire	554	sencillo	046	cartucho	588
cuenta	933	persona	105	cortar	102	salita	334
artesanía	801	pistilo	600	salir	097	cometa	837
perdón	058	botella	671	bonito	248	petardo	957
sastre	005	camino	602	perder	789	resistente	794
coral	456	despertar	007	sujeto	765	vender	823
playa	532	asilo	814	hambre	213	tocino	527
piscina	111	futuro	451	mejor	302	férula	009
cordón	890	jaleo	409	cobre	846	hueso	807
pelota	543	pistas	623	saber	145	piano	776
gas	490	pitón	619	tiene	594	dedo	346
tortas	098	escarabajo	666	oro	385	pico	506

Lee a tu alrededor: la carta de un restaurante

Lee la carta con las comidas que se pueden tomar en el chiringuito de Perico y contesta luego a las preguntas.

EL MODUS VIVENDI

Entradas

Pan y aperitivo	2,00 €
Variado de ibéricos	17,00 €
Jamón ibérico de bellota	18,00 €
Lomo ibérico de bellota	18,00 €
Tabla de quesos	10,00 €
Tosta de anchoas con tomate	12,50 €
Gambas a la plancha ¼ kg	26,00 €
Mejillones	15,00 €
Berberechos	15,00 €
Ensalada mixta	6,50 €
Ensalada de tomate	8,50 €
Cogollos con ventresca y pimiento	10,50 €

Bocadillos

Jamón ibérico	7,00 €
Lomo ibérico	7,00 €
Queso manchego	5,00 €
Chorizo	5,00 €
Tortilla	5,00 €

Arroces especialidad

Paella valenciana	16,00 €
Paella de pescado y marisco	18,00 €
Paella de conejo con verduras	16,00 €
Arroz con bogavante	18,00 €

Pescados

Espeto de sardinas	16,00 €
Salmonetes rebozados	16,00 €
Dorada a la plancha	17,00 €
Lubina a la sal	21,00 €
Lomo de merluza al horno	21,00 €
Medallones de bonito a la parrilla	18,00 €

Carnes

Chuletitas de cordero lechal	14,00 €
Solomillo a la brasa con foie	18,00 €
Cochinillo asado	32,00 €
Chuletón de buey	32,00 €
Cordero asado	35,00 €

1. **¿Cómo se llama el restaurante?** ________________
2. **¿Cuál es la especialidad de la casa?** ________________
3. **¿Cuáles son los platos más caros en general?** ________________
4. **¿El pan es gratis en este restaurante?** ________________
5. **¿Cuál es el entrante más caro de todos?** ________________
6. **Elige el menú que más te guste: un entrante y un segundo de arroz, carne o pescado. Calcula lo que te va a costar.** ________________

Señala la respuesta correcta:

1. **En la plazoleta de una urbanización a medio construir, Nieves vio...**
   a. a Puchi.
   b. a dos niños peleando.
   c. una enorme pelea.
   d. a Margaret Jekyll.
2. **¿Por qué le latía acelerado el corazón a Nieves?**
   a. Por la caminata.
   b. Por una enfermedad.
   c. Por tristeza.
   d. Por nerviosismo.
3. **¿Qué decidió Nieves cuando encontró a Puchi?**
   a. Que se iría corriendo.
   b. Que no se lo llevaría a Marian.
   c. Que la extranjera no era mala.
   d. Que debía entrevistar a la inglesa.
4. **Nieves no quiso entrar en la casa con Puchi porque...**
   a. iba a parecer una niña pequeña.
   b. estaba demasiado sucio.
   c. necesitaba dejar pistas.
   d. no lo había encontrado aún.
5. **Cuando Margaret Jekyll abrió la puerta resultó ser...**
   a. muy guapa y simpática.
   b. más joven de lo que parecía.
   c. una verdadera bruja.
   d. alta, extraña y silenciosa.
6. **La inglesa le sirvió a Nieves un poco de...**
   a. limonada.
   b. líquido rojo.
   c. potingue burbujeante.
   d. zumo de moras.
7. **Nieves dio un brinco en la silla a causa de...**
   a. la música de órgano.
   b. las uñas de la inglesa.
   c. la silueta de Caín.
   d. la voz de Margaret.
8. **¿Qué encontró Margaret Jekyll al salir al jardín?**
   a. El osito de Marian.
   b. Un cartel de ADEPOT.
   c. El gorro de Marian.
   d. El osito y un cartel de ADEPOT.

Contesta a las preguntas:

1. **¿Qué temía Nieves mientras iba a buscar a Puchi?** ______________________
2. **¿Por qué Nieves no sintió pena de su primo?** ______________________
3. **¿Qué plan tenía Nieves cuando llamó a la puerta de la casa?** ______________________
4. **¿Por qué engañó Nieves a Margaret Jekyll?** ______________________
5. **¿Qué pensó Nieves de la bebida servida por Margaret Jekyll?** ______________________
6. **¿Cómo terminó la visita de Nieves a la señora Jekyll?** ______________________

Deduce el significado

Busca las palabras del listado en la página del libro que se indica para intentar deducir su significado. Luego compruébalo en el diccionario y escribe una oración con cada palabra.

- aficiones (página 74): ___
- enzarzado (página 75): ___
- despatarrado (página 76): ___
- compasión (página 76): ___
- augurio (página 82): ___
- políglota (página 83): ___
- paladear (página 87): ___

Atención a los detalles

Fíjate detenidamente en este dibujo y sus detalles. Memorízalos y pasa la página.

Verdadero o falso

- Recuerda el dibujo de la página anterior y señala si estos enunciados son verdaderos (V) o falsos (F), según lo que aparecía en él.

	V	F
Hay un camino de madera a la izquierda.		
Hay seis pares de tumbonas.		
Hay una sola sombrilla de paja.		
Hay una barquita blanca bajo un tejadillo.		
Hay una cuerda sujeta con boyas blancas en el agua.		
Hay una palmera pequeña a la derecha.		
Hay unas montañitas rocosas que protegen la cala.		
Hay una nube pequeña en el cielo.		

El título

- Escribe un título diferente para este capítulo y justifica tu elección.

- Título: ______________________________
- Justificación: ______________________________

Completa las oraciones

Completa las siguientes oraciones con la respuesta que corresponda en cada caso:

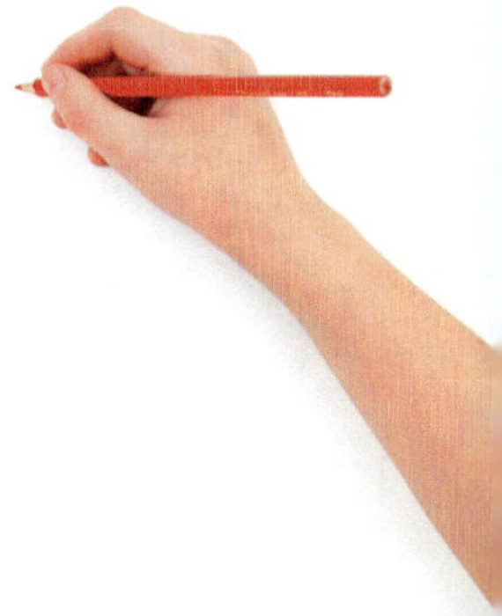

1. Por suerte no ____ a ningún perro caníbal ni de ninguna otra raza.
   a. vieron. b. vieras. c. vio.
2. Volvió a llamar y esperó con el corazón ____ a toda velocidad.
   a. lanzado. b. lanzando. c. lanzar.
3. Recordó que su abuela le ____ que Margaret Jekyll era muy alta.
   a. he dicho. b. había dicho. c. hubo dicho.
4. ____ que su tono resultara simpático y la pronunciación correcta.
   a. Intentarán. b. Has intentado. c. Intentó.
5. Me ____ del casino de Torredemar.
   a. manden. b. mandan. c. mandaran.

Palabras diferentes

Señala las parejas de palabras que son diferentes.

suelo	sueldo	
momento	momento	
basura	basura	
cabinas	cabinas	
reproche	reproche	
contienda	contienda	
patadas	patatas	
mordisco	mordisco	
hombros	hombres	
libreta	libreta	
respuesta	repuesta	
bocadillo	bocadillo	
terrible	temible	
grupo	grapa	
estupidez	estupidez	

primo	prima	
trabajo	trabajo	
corazón	corazón	
chorros	chorros	
camino	comino	
periodistas	periodistas	
fórmula	formula	
pariente	paciente	
espina	esquina	
maullido	mullido	
bebida	bebida	
dinero	dinero	
atención	atención	
susurro	susurro	
obstáculo	obstáculo	

Varios significados

- **Relaciona con flechas las palabras centrales y su significado, tanto de la columna A como de la columna B.**

A		B
Cada una de las partes del esqueleto de los peces.	ojo	Lámina delgada de madera, metal, papel...
Prenda de ropa femenina.	tirador	Vegetal.
Agujero de la aguja para que entre el hilo.	planta	Cuerpo humano sin la cabeza y las extremidades.
Parte de la planta.	espina	Órgano que sirve para ver.
Tallo fuerte y macizo de los árboles y arbustos.	hoja	Púa puntiaguda que tienen algunas plantas.
Parte inferior del pie.	falda	Ladera de una montaña.
Pieza para abrir puertas y cajones.	tronco	Persona que dispara.

Palabras repetidas

- **Escribe las palabras que se repiten en cada columna y cuántas veces lo hacen.**

A	B	C
Nieves	Collar	Pájaro
Sol	Papel	Gato
Carmen	Cartel	Liebre
Puchi	Postal	Hámster
Cara	Pedir	Perro
Marian	Banderín	Conejo
Puchi	Reloj	Sabueso
Marian	Gafas	Gato
Perla	Collar	Conejo
Coral	Pieza	Salamandra
Puchi	Cartel	Perro
Ángela	Collar	Canario
Nieves	Postal	Cobaya
Puchi	Carta	Conejo
Marian	Libro	Perro

	Palabras	Veces
A		
B		
C		

Lee a tu alrededor: el cartel de un concierto

Aquí tienes el cartel anunciador del concierto de la estrella preferida de Nieves, Fabiola. Obsérvalo detenidamente y contesta a las preguntas.

1. Escribe la fecha y hora del concierto de Fabiola. ______________________

2. ¿Actuará sola Fabiola? ¿Quién le acompañará? ______________________

____

3. ¿Hay alguna actuación junto con la de Fabiola? ¿Cuál? ¿Qué crees que son los teloneros?

____

4. Los patrocinadores ayudan a costear el concierto. Indica si los hay en este y cuáles son.

____

5. Escribe el precio de la localidad más cara y la más barata. ¿Cuál elegirías tú? ¿Por qué?

____

Capítulo 7 Solidaridad y bombillas

Señala la respuesta correcta:

1. **Nieves iba deprisa porque...**
   a. se quemaba con la arena.
   b. sabía que Marian se había ido.
   c. quería recoger a su hermana.

2. **¿Qué le preguntó Perico?**
   a. ¿Y Marian? ¿No está contigo?
   b. ¿Has visto a tu hermana?
   c. ¿Por qué has tardado tanto?

3. **¿Cuándo parece que se había marchado?**
   a. Cuando Perico estaba cocinando paellas.
   b. Mientras Perico estaba en el baño.
   c. Cuando se terminó el helado.

4. **Los chicos presentaban un aspecto...**
   a. magullado.
   b. muy malo.
   c. estupendo.

5. **¿Quién ganó la pelea?**
   a. ADEPOT.
   b. Los extranjeros.
   c. Ambos decían que habían ganado.

6. **¿Qué preguntó Nieves a Nicolás?**
   a. Si veía bien con ese ojo.
   b. Si había visto a Marian.
   c. Si Marian había visto la pelea.

7. **Los chicos dejaron de discutir cuando...**
   a. sintieron la desesperación de Nieves.
   b. sintieron que pasaba algo.
   c. Perico les riñó.

8. **Todos se unieron para...**
   a. buscar más pelea.
   b. encontrar a Marian.
   c. expiar la casa misteriosa.

9. **¿Quién organizó a los chicos?**
   a. Tim.
   b. Nieves.
   c. Nicolás.

10. **¿Por qué no fue Nieves con los chicos?**
    a. Porque estaba histérica.
    b. Porque no se sentía con fuerzas.
    c. Porque Perico le dijo que se quedara.

11. **Nieves pensaba que...**
    a. habían secuestrado a Marian.
    b. Marian se había ido porque quiso.
    c. Marian la estaba esperando en casa.

12. **A Nieves también le preocupaba...**
    a. que había perdido a Puchi.
    b. que no podía pensar.
    c. que Nicolás estaba herido.

13. **¿Qué hizo Nieves?**
    a. También fue a buscar a su hermana.
    b. Se puso a llorar amargamente.
    c. Salió corriendo llamando a su primo.

14. **A Nieves le cortó la respiración...**
    a. que Nicolás fuera tan insensible.
    b. pensar que Marian le importaba.
    c. que su primo no conociera a Margaret Jekyll.

15. **Nieves tuvo la corazonada de que...**
    a. los chicos no encontrarían a Marian.
    b. Marian no la quería.
    c. Marian había ido a la casa misteriosa.

16. **Ella creía que Marian...**
    a. no entendía nada.
    b. sabía mucho más de lo que parecía.
    c. estaba asustada.

17. **¿Por qué parecía que sangraba el corazón pintado por Repe?**
    a. Por las lágrimas de Nieves.
    b. Por la pelea.
    c. Por pena.

18. **Lo que Nieves contó a su primo sobre la extraña mujer...**
    a. resultó ser totalmente cierto.
    b. era totalmente mentira.
    c. era muy exagerado.

19. **¿Dónde pudieron encontrar a Puchi?**
    a. No lo encontraron.
    b. Bajo la flor de pasionaria.
    c. Fuera de la casa, en el jardín.

20. **Nieves estuvo a punto de desmayarse...**
    a. al oír un ladrido y la voz de Marian.
    b. al oír un horrible grito.
    c. al oír un horrendo ladrido y un grito.

Deduce el significado

Busca las palabras recuadradas en la página del libro que se indica e intenta averiguar lo que significan. Luego, asigna su número a los fragmentos de cada columna que completan su definición.

1. desencanto (página 88)
2. reproche (página 90)
3. cabinas (página 90)
4. zurrar (página 90)
5. provocación (página 93)
6. cesar (página 93)
7. enzarzarse (página 93)
8. itinerario (página 95)
9. vatios (página 96)
10. obstáculo (página 104)

- ☐ Decepción,
- ☐ Ruta que se sigue para
- ☐ Dejar de hacer
- ☐ La forma de medir
- ☐ Acción de echar en cara
- ☐ Pelearse o discutir
- ☐ Dañar a alguien con
- ☐ Lugares pequeños y
- ☐ Impedimento, dificultad,
- ☐ Acción con la que se incita a alguien

- ☐ aislados para usos diversos.
- ☐ lo que se está haciendo.
- ☐ algo a alguien.
- ☐ acaloradamente con otros.
- ☐ para que haga algo.
- ☐ llegar a un lugar.
- ☐ la potencia eléctrica.
- ☐ inconveniente.
- ☐ desilusión.
- ☐ azotes y golpes.

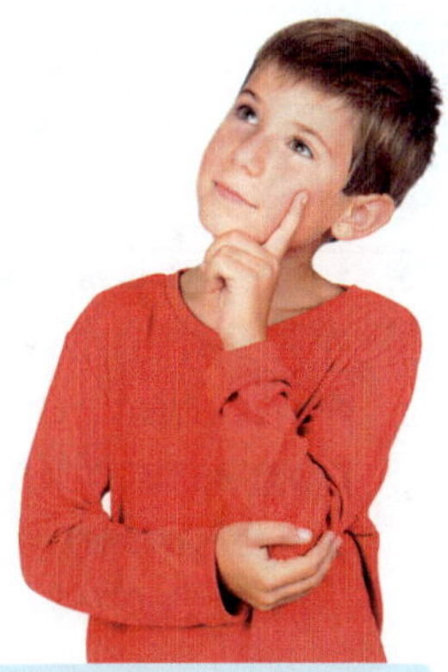

Texto partido

Lee el texto partido y contesta a las preguntas que aparecen debajo.

Nieves recorrió el camino hasta la playa en tiempo récord. Se cruzó con algunos veraneantes que volvían cargados de sombrillas, pelotas y cestas. No era fácil andar deprisa en la arena, pero ella quería llegar cuanto antes al chiringuito. Perico, que la vio desde lejos, fue a su encuentro.

—¿Y Marian? ¿No está contigo? —le preguntó. Su expresión reflejaba desencanto y ansiedad.

1. ¿Con quién se cruzó Nieves? ______________________
2. ¿Quién la vio desde lejos? ______________________
3. ¿Por dónde no era fácil andar deprisa? ______________________
4. Nieves reflejaba... ______________________

Memoria visual

- Fíjate bien en este chiringuito y todos sus detalles durante tres minutos. Después realiza una descripción detallada de la imagen en tu cuaderno. Compara el resultado con el de tus compañeros.

Cuestión de lógica

- Lee las pistas y pon junto a los nombres de los niños el número del dibujo correspondiente a la herida de la pelea.

Pistas

- Las heridas en los brazos son de Repe y Matthias.
- Las heridas con los números 5 y 6 pertenecen a chicos extranjeros.
- Nicolás tiene una brecha en la ceja derecha.
- Enzo tiene una herida simétrica a la del niño del número 1.
- A Repe le sangra el codo.

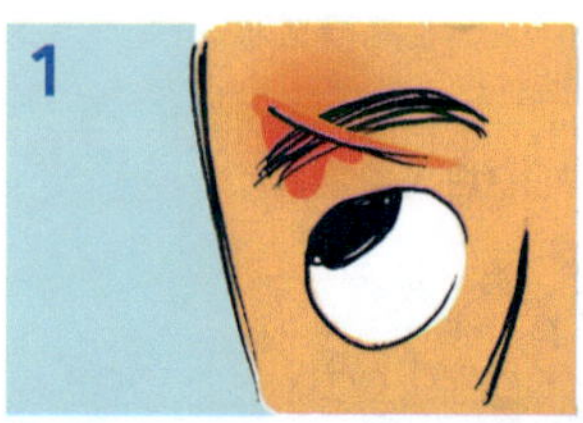

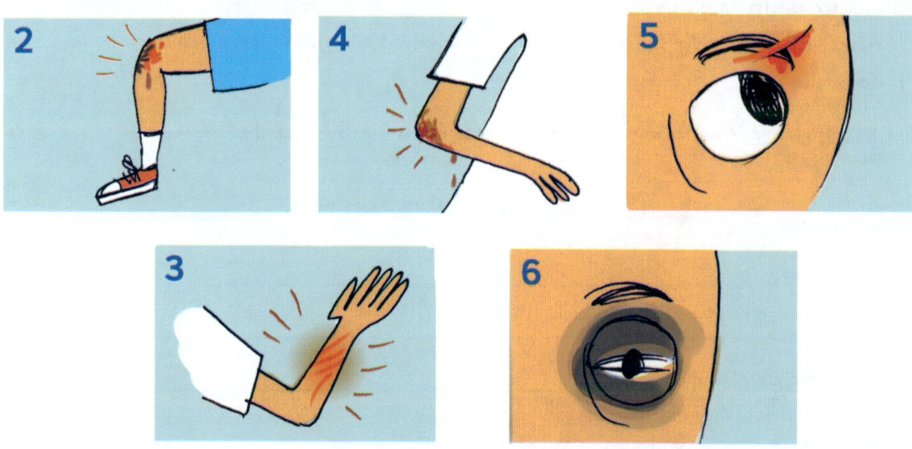

Heridas de:

- Nicolás ____
- Vicente ____
- Repe ____
- Tim ____
- Enzo ____
- Matthias ____

Adjetivo

Añade a cada nombre el adjetivo del recuadro que sea más adecuado.

- ladrido ______________________
- banderín ______________________
- bebidas ______________________
- pitidos ______________________
- discusión ______________________
- bruja ______________________
- mirada ______________________
- chica ______________________
- playa ______________________
- historia ______________________

interminable
malvada
sonoros
incómoda
alucinante
arenosa
horrible
frías
enrollada
coloreado

Mucha atención

Une con flechas las líneas que tengan las mismas letras.

rrrrrrmmmmmffffffgggggsssss

rrrrrmmmffffffggggggsssssssss

rrrrrrmmmmmffffffgggggsssss

rrrrrmmmmmffffffgggggssssss

rrrrrmmmmmffffffgggggssssss

rrrrrmmmffffffggggggsssssssss

Sinónimos y antónimos

Relaciona las palabras recuadradas con un sinónimo y un antónimo.

Sinónimos		Antónimos
pegar	desencanto	calma
pelearse	reproche	continuar
parar	zurrar	felicitación
crítica	provocación	sosegarse
incitación	cesar	encanto
desilusión	enzarzarse	acariciar

Series de palabras

Cuenta las veces que se repite la palabra que encabeza cada serie.

respecto	respecto, respecto, respeto, respetar, respeto, respecto, respeto, respecto, respetar, respeto, respetar, respeto, respeto, respecto, respetar, respeto, respecto, respeto, respeto, respecto, respetar.	____ veces
rodeo	ruedo, rodeo, rodar, rodado, rodero, rodeo, rodar, rodeo, rodeo, rodado, rodero, rodeo, rodado, romero, ruedo, rodero, rodeo, rodeo, rodear, rodar, rodeo, romero, rodeo, rodear.	____ veces
maleza	maleta, madera, maleza, madera, madera, maleta, maleza, maleza, maleta, maleza, madera, maleta, madera, madera, maleza, maleta, maleta, madera, maleta, madera, maleta.	____ veces
órgano	órgano, orégano, organizar, órgano, óptimo, óculo, órgano, órgano, órgano, organizo, orégano, organizo, orégano, órgano, orégano, organizo, orégano, organizar, óptimo, óculo, orégano.	____ veces
impreso	ingreso, impreso, intenso, incienso, impreso, ingreso, incienso, impresionar, impreso, imprevisto, impreso, impreso, intenso, intento, impreso, imprimir, impreso, impacto, inmenso, impreso.	____ veces

Lee a tu alrededor: un plano

Marca en el plano de Torredemar el recorrido que siguieron Tim y Enzo (en color verde), Vicente y Repe (en rojo) y las chicas (en azul) para buscar a Marian.

Pistas

1. Tim y Enzo rodearon el pueblo por la derecha desde la playa, hasta llegar a la calle Portalico. Luego bajaron por la Plaza de la Iglesia y volvieron a subir por la calle Temprado, cubriendo, así, la parte este del pueblo. No fueron hacia la calle Regajo ni hacia las urbanizaciones que hay al norte porque sus padres no les dejaban acercarse a la carretera.
2. Las chicas fueron desde la playa hacia la izquierda. Revisaron todas las calles del sur del pueblo pero no fueron por la calle Placeta O Rincón ni llegaron a la calle Palacio.
3. Vicente y Repe, como conocían muy bien el pueblo, subieron por la calle Placeta O Rincón, revisaron las urbanizaciones hasta la carretera en el norte del pueblo y volvieron para revisar la calle del Palacio y la calle de la Iglesia.

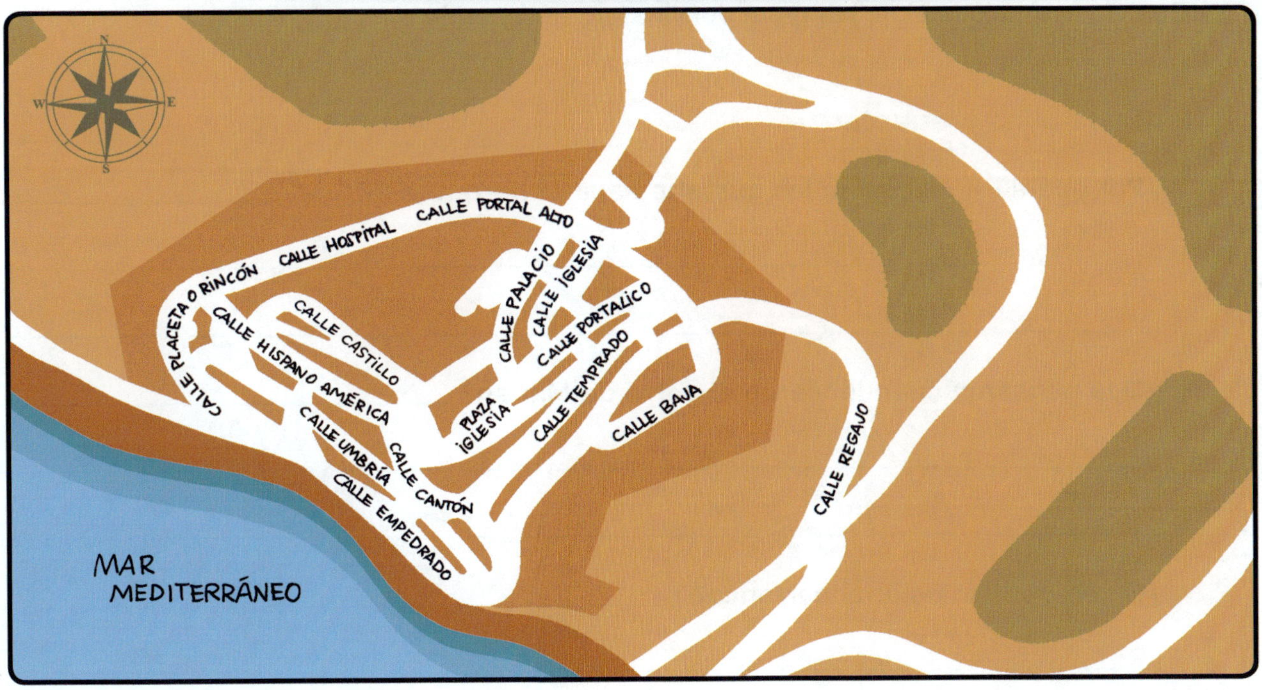

Contesta a las preguntas:

1. ¿Pasaron las chicas por la calle Portalico? ______________________
2. Hay una calle muy larga que ninguno de los grupos investigó. ¿Cómo se llama?

____

3. ¿Quiénes pasaron por la calle Cantón?

____

Capítulo 8 Refresco y misterio

Señala si estas oraciones son verdaderas (V) o falsas (F):

	V	F
Tim, Enzo y las chicas alemanas fueron a la estación de autobuses.		
Era mediodía cuando llegaron al barranco.		
El gorro de Marian estaba en una zarza junto al barranco.		
Repe tocó el silbato para llamar a los empleados de la gasolinera.		
Vicente tomaba notas de todo por si había que avisar a la policía.		
Todos sabían que Margaret Jekyll vivía en la casa azul y blanca.		
Un ladrido estremecedor asustó a los chicos.		
Marian llevaba puesto un collar de pasta multicolor.		
Marian espoleaba al perro como si fuera un caballo.		
Cuando apareció Marian, Margaret Jekyll estaba sonriendo.		

Contesta a las preguntas:

1. **¿Por qué a los chicos no les gustaba bajar al barranco?** ______________________________

____

____

2. **¿Qué pensaron cuando vieron el gorro de Marian?** ______________________________

____

____

3. **¿Cómo querían bajar al barranco?** ______________________________

____

____

4. **¿Qué hacía Marian cuando los chicos la vieron?** ______________________________

____

5. **¿Qué hicieron para salvar a Marian?** ______________________________

____

____

Deduce el significado

Busca las palabras de la columna izquierda en la página del libro que se indica para averiguar su significado. Después señala la definición incorrecta.

- jadeaba (página 107)
  - ☐ Respiraba trabajosamente después de un esfuerzo o un susto.
  - ☐ Moverse de un lado a otro torpemente.
- potente (página 110)
  - ☐ Que puede hacer lo quiera gracias a su fuerza.
  - ☐ Fuerte, con capacidad para dominar.
- autoridad (página 112)
  - ☐ Medida de un cuerpo desde la base al punto más elevado.
  - ☐ Capacidad para mandar o coordinar a otros.
- espolear (página 112)
  - ☐ Golpear los flancos de la cabalgadura para darle órdenes.
  - ☐ Cubrir una superficie esparciendo polvo sobre ella.
- intimidar (página 113)
  - ☐ Causar o infundir miedo.
  - ☐ Pasar a tener una amistad íntima.
- contigua (página 113)
  - ☐ Que está junto a otra cosa.
  - ☐ Que siempre va contigo.
- erguido (página 113)
  - ☐ Perfectamente colocado en su sitio.
  - ☐ Muy derecho, con el cuello y la cabeza estirados.

Columnas

Lee estas palabras siguiendo la línea central e intenta recordarlas. Después, pasa la página.

voz	ojo
cara	lado
tono	nada
parte	bolsa
sudor	playa
cuadro	paseo
nervios	ducha
servilleta	basura
caracolas	empujón
momento	reproche
operaciones	contienda
desesperación	movilización

Recuerda

- **Subraya las palabras de estas columnas que aparecían en la actividad anterior.**

gato	trío
cosa	lado
lima	patada
paseo	empujón
basura	reproche
palabra	mordisco
soportes	caracolas
hombres	puñetazos
servilleta	chiringuito
momento	operaciones

Cuestión de lógica

- **Dibuja la casa de Margaret Jekyll de acuerdo con las instrucciones. Luego compara tu dibujo con el de tus compañeros.**

1. Dibuja una fachada blanca con forma rectangular en posición horizontal.
2. Imagina que este rectángulo tiene dos plantas. En la de abajo, añade una puerta azul con forma rectangular y acabada en un semicírculo en la parte superior. La puerta es grande y ocupa un poco menos de la mitad derecha de la fachada.
3. En la mitad izquierda de la planta baja hay dos ventanas azules. Dibújalas.
4. En la planta superior incluye cuatro ventanas con balcones de rejas azules.
5. El tejado, triangular sobre la fachada, debe estar decorado con tejas azules.
6. Añade un llamador en forma de garra.
7. Acaba de adornar la casa a tu gusto.

Nombres y verbos

Completa los recuadros con las palabras que faltan a partir del nombre o la acción según corresponda. Luego construye una frase con la palabra que hayas escrito.

Verbos	Nombres	Oraciones
señalar		
	recurso	
	búsqueda	
mirar		
	oscuridad	
perder		
	tos	
silbar		

Mucha atención

Lee el texto y asigna la respuesta correcta a cada pregunta:

- ¿Cuántas palabras empiezan por mayúscula? ______
- ¿Cuántas palabras hay con tilde? ______
- ¿Cuántas veces aparece la *a* en el quinto renglón? ______
- ¿En qué renglón está la palabra «gordas»? ______
- ¿Cuántas veces aparece la *s* en todo el texto? ______
- ¿Cuántas palabras de diez letras hay? ______
- ¿Cuántas palabras de una letra hay? ______

Vicente levantó la barbilla señalando el cielo, donde la luna llena ya repartía luz para ese y todos los caminos del mundo.

El que ellos seguían pasaba por la gasolinera y continuaba hacia las afueras del pueblo, donde estaba el barranco. No era muy profundo, pero sí lo suficiente para que ninguno se atreviera a bajar por ahí. Ni siquiera Nicolás se atrevía, y eso que estaba lleno de moras tan gordas y sabrosas que hubieran mejorado mucho su negocio.

Letras desaparecidas

- Reconstruye las palabras del listado con las sílabas del recuadro. Luego escribe una oración de tu invención con cada una de ellas.

gun | per | ma | sos

a | com | tá | ma

1. me______lico: ____
2. ______damos: ____
3. her______na: ____
4. ______pechoso ____
5. pre______tado: ____
6. ______pañeros: ____
7. des______yarse: ____
8. ______zules: ____

Palabras y siluetas

- Relaciona con flechas cada palabra con su silueta, según el ejemplo.

1. espoleando
2. bomba
3. pasionaria
4. mastín
5. barranco
6. Vicente
7. refresco
8. misterio

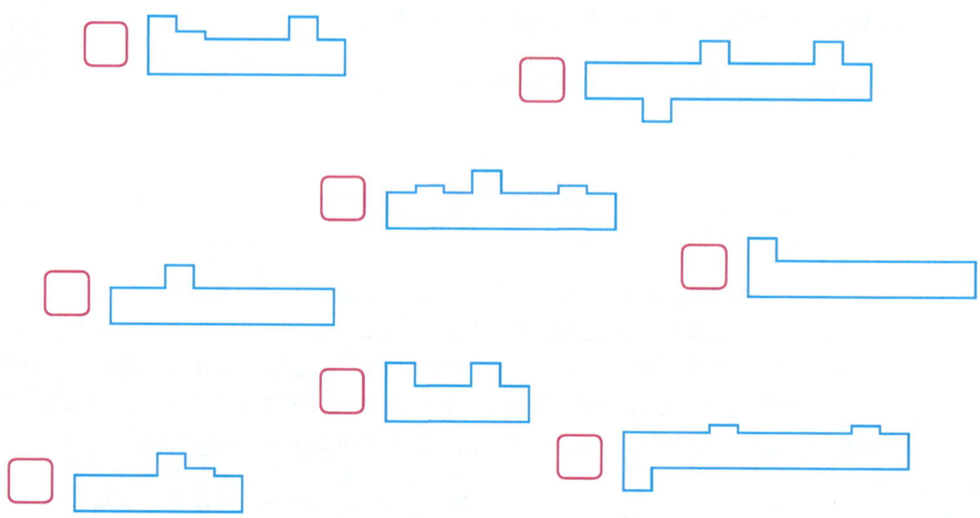

Lee a tu alrededor: la entrada de un concierto

Aquí tienes la entrada, que tanto deseaba Nieves, para asistir al concierto de Fabiola. Obsérvala bien y contesta a las preguntas.

Sábado
16 de agosto
50 €
IVA incluido
PUERTA: G
FILA: 1
ASIENTO: 12
Auditórium de Torredemar
Sábado 16 de agosto a las 22:00 h
Apertura de puertas a las 21:00 h
Queda terminantemente prohibido acceder al recinto con comida y bebida, recipientes de vidrio y metálicos, así como mochilas y grandes bolsas. No se permitirán objetos punzantes ni cortantes.
G-1-12

G-1-12
Gran concierto
de la artista
FABIOLA
Acompañada por el grupo musical «Los Langartos» y la actuación como teloneros del grupo «The Donnettys»
Sábado
16 de agosto

1. ¿Piensas que Nieves ha conseguido una buena entrada? Justifica tu respuesta.

2. ¿Por qué puerta y a qué hora podrá Nieves acceder al local?

3. ¿Qué función realiza en el concierto el grupo «Los Langartos»?

4. ¿Para qué crees que sirve el código de barras en las entradas? Señala la respuesta y comenta el resultado con los compañeros.

- [ ] Controlar el precio por el que se ha pagado.
- [ ] Controlar a las personas que acceden a un recinto.
- [ ] Evitar que se copien las entradas.

5. Escribe el nombre de cinco objetos con los que no se pueda acceder al concierto.

6. Nombra tres artistas o grupos a los que te gustaría ver en un concierto. Comparte la información con tus compañeros.

Señala la respuesta correcta:

1. **A los chicos no les apetecía la invitación...**
   a. porque no les gustaban los refrescos.
   b. porque tenían prisa.
   c. porque temían a la Sra. Jekyll.
2. **¿Qué quería saber Laura?**
   a. Cómo funcionaba la pócima.
   b. Si Caín era un perro caníbal.
   c. Si se convertiría en un monstruo.
3. **Si la Sra. Jekyll había leído la hoja de ADEPOT...**
   a. debía de estar muy enfadada.
   b. sabía que a los del pueblo no les gustaban los extranjeros.
   c. era señal de que los espiaba.
4. **¿Qué hizo feliz a Marian?**
   a. Encontrar a Puchi.
   b. Encontrar su gorro.
   c. Ambas cosas.
5. **«El cuarto de los trastos» se refería al lugar donde...**
   a. escondemos nuestros sueños.
   b. se escondía Caín.
   c. guardamos lo que nos avergüenza.
6. **¿Cómo reconocieron al señor del retrato?**
   a. Se lo presentó Margaret Jekyll.
   b. Ponía su nombre en una placa.
   c. Supusieron que era el señor Jekyll.
7. **¿Quiénes aceptaron el potingue?**
   a. Christa y Karen.
   b. Repe y Laura.
   c. Ninguno de los chicos.
8. **Los chicos observaron el líquido rojo...**
   a. para ver si era el famoso brebaje.
   b. por si hacía burbujas y echaba humo.
   c. por si les iba a gustar.
9. **Los vasos se rompieron por culpa de...**
   a. Un silbido.
   b. Un ladrido.
   c. Un grito.
10. **¿Qué ocurrió con todo el jaleo?**
    a. Marian se puso a llorar.
    b. Las chicas alemanas se enfadaron.
    c. Caín entró ladrando.
11. **¿Quiénes no se escondieron del perro?**
    a. Margaret y Nicolás.
    b. Margaret y Marian.
    c. Marian y Nieves.
12. **Cuando los perros están contentos...**
    a. mueven el rabo.
    b. ladran más fuerte.
    c. se tumban en el suelo.
13. **¿De qué raza era el perro Caín?**
    a. Un bulldog.
    b. Un pastor alemán.
    c. Un mastín.
14. **Los perros se suelen comportar...**
    a. muy bien.
    b. según los tratan sus dueños.
    c. como les da la gana.
15. **Los niños sabían que la inglesa había oído la conversación porque...**
    a. estaba enfadada con ellos.
    b. quería convertirlos en monstruos.
    c. les habló del cuarto de los trastos.
16. **Convertir la hoja de ADEPOT en un barquito significaba...**
    a. que Margaret Jekyll se aburría.
    b. destruir las diferencias entre los chicos.
    c. que a Margaret le caía bien Marian.
17. **La inglesa actuaba como una bruja...**
    a. porque en el pueblo no la aceptaban.
    b. porque tenía miedo de la gente.
    c. porque lo era.
18. **El zumo rojo estaba hecho de...**
    a. moras, fresas y frambuesas.
    b. cerezas, fresas y grosellas.
    c. frambuesas, grosellas y fresas.
19. **¿Cómo sellaron la paz los chicos?**
    a. Bebiéndose todo el potingue.
    b. Firmando la paz.
    c. Con una fiesta en casa de la inglesa.
20. **¿Con quién fue Nieves al concierto?**
    a. Con Margaret Jekyll.
    b. Con las chicas alemanas.
    c. Con Marian y su abuela.

Deduce el significado

Busca las palabras de la columna izquierda en la página del libro que se indica para averiguar su significado. Luego, relaciona cada palabra con su definición.

1. excepción (página 116)	☐ Confusión, desorden, aglomeración de gente o cosas.
2. petarda (página 116)	☐ Pensamientos.
3. meditaciones (página 118)	☐ Algo que se aparta de la regla general.
4. inspiración (página 120)	☐ Con sinceridad.
5. barullo (página 120)	☐ Cauto, cuidadoso, que sabe prevenir riesgos.
6. precavido (página 122)	☐ Acciones de enfrentamiento entre dos bandos.
7. francamente (página 123)	☐ Estímulo que hace surgir una idea u obra artística.
8. hostilidades (página 125)	☐ Persona o cosa pesada, aburrida o fastidiosa.

Texto numerado

Lee el texto numerado y escribe en qué líneas aparecen las palabras del listado.

Si alguno pensaba ser una excepción,
la respuesta de Nieves se lo impidió.
De mala gana, cada uno de ellos
se preguntó qué habría en su trastero.
Nicolás, como tenía una excelente opinión
de sí mismo, se dijo que nada;
pero luego admitió que estuvo mal
hacer papilla los collares de su prima
y llamar petarda a su cantante favorita.
Repe se avergonzaba
de no haber dado las vueltas al guiri
que le compró un banderín,
y Enzo, de haber dicho
que era descendiente de Garibaldi,
porque era una trola como una casa.
Nieves también había escondido algo allí:
las rabietas por tener que cuidar
a Marian, el cachete que le había dado
cuando metió a Puchi en la bañera y...
Así estuvieron un buen rato
hasta que un ruido de tacones
interrumpió sus meditaciones.

- favorita: _____
- impidió: _____
- guiri: _____
- descendiente: _____
- ruido: _____
- excelente: _____
- cachete: _____
- papilla: _____

Verdadero o falso

Señala si las oraciones son verdaderas (V) o falsas (F), de acuerdo con lo que has leído en el capítulo. Ten en cuenta que al decir «todos los chicos» se exceptúa a Marian.

	V	F
Todos los chicos estaban encantados de probar el potingue rojo.		
Todos los chicos guardaban cosas en su «cuarto de los trastos».		
Todos los chicos estaban contentos de haber encontrado a Marian.		
Todos los chicos sabían quién era míster Hyde.		
Todos los chicos cogieron enseguida el vaso que les sirvió Margaret.		
Todos los chicos se asustaron cuando Caín ladró.		
Todos los chicos que había en la casa pertenecían a ADEPOT.		
Todos los chicos se rieron cuando Caín lamió la cara de Nicolás.		
Todos los chicos se avergonzaron de la lucha entre habitantes e invasores.		
Todos los chicos fueron al concierto de Fabiola.		

Cuestión de lógica

Averigua los títulos de estos libros que Margaret Jekyll tiene en su biblioteca.

Pistas

- Los libros titulados *El hombre lobo* y *El doctor Jekyll y míster Hyde* llevan números impares.
- Los libros de *Frankenstein* y de *Historias de terror* llevan números pares.
- Si quitamos *El doctor Jekyll y míster Hyde,* se caerá *Frankenstein*.
- Si quitamos *El hombre lobo,* se caerá *Drácula*.
- Si quitamos *Historias de terror,* no se caerá ningún libro.

1. ______________________
2. ______________________
3. ______________________
4. ______________________
5. ______________________

Señala cuál es el tema común de todos estos libros.

☐ Humor. ☐ Terror. ☐ Amor.

Comparaciones

Relaciona con flechas las dos partes de cada comparación. Luego, escribe debajo dos comparaciones más.

Laura es más fresca	un piojo verde.
Caín ladra tan alto	como una locomotora.
Margaret es más rara que	que una lechuga.
Vicente resopla tan fuerte	como una flor.
Marian es tan delicada	que una cabra.
Esta niña está más loca	como un trueno.

1. ____________________

2. ____________________

La lupa

Busca entre la colección de sellos de Margaret Jekyll los objetos del recuadro y rodéalos con un círculo.

concha • caballito de mar • abeja • huella de pie • pistola

anillo • prismáticos • uvas • microscopio • ardilla

Expresiones

- **Explica, con tus palabras, el significado de las expresiones entre comillas. Compártelas con tus compañeros.**

1. Laura «está hecha una buena petarda».

2. En el partido se formó un «barullo enorme».

3. Como no se pusieron de acuerdo «comenzaron las hostilidades».

4. Me asomé al patio y observé que los vecinos «andaban a la greña».

5. «Hombre precavido vale por dos».

Sopa de letras

- **Busca en la sopa de letras las palabras del recuadro.**

A	R	E	D	N	A	B	R	U	J	A	C
W	B	U	R	B	U	J	A	S	L	Ñ	H
C	R	O	P	N	I	X	A	N	F	L	A
D	R	E	R	J	O	E	C	V	T	L	R
S	C	E	T	I	S	A	C	O	A	B	C
M	O	V	T	R	G	D	U	L	C	E	O
A	N	I	Z	R	Y	E	U	T	O	R	G
S	C	O	N	S	A	R	N	O	N	F	U
T	I	S	L	O	D	T	H	E	E	A	I
I	E	E	S	C	L	E	O	I	S	S	T
N	R	P	E	R	I	O	D	I	S	T	A
A	T	P	S	G	E	J	D	U	L	C	I
C	O	N	I	N	V	A	S	O	R	E	S

burbujas
retrato
aborígenes
charco
invasores
tacones
periodista
concierto
bruja
mastín

Lee a tu alrededor: una enciclopedia

Lee lo que dice la enciclopedia de Margaret Jekyll sobre los mastines y contesta a las preguntas.

–ENCICLOPEDIA– Página –300–

mastín

Todos los mastines europeos descienden del mastín tibetano, el más viejo exponente de la especie canina. Probablemente los primeros mastines asiáticos fueron llevados de la India a Grecia por Alejandro Magno, alrededor del año 300 a. C.

Los griegos los dieron a conocer a los romanos, que se entusiasmaron y los usaron en los combates de circo.

La palabra *mastín* proviene del latín *massivus*, que significa macizo.

El mastín napolitano es descendiente del antiguo moloso romano. Mientras las razas fueron extinguiéndose por toda Europa, en Campania la cría continuaba, a pesar de las amenazas del tiempo y de la guerra. Se puede asegurar así que el mastín napolitano vive en Campania desde hace al menos dos mil años.

Los mastines napolitanos son de color plomo, gris, azulado, negro, leonado o leonado estriado, rubio, a veces con manchas blancas en el pecho o en los dedos. Los machos, más grandes, miden entre 65-85 cm en la cruz y pesan entre 70 y 90 kg, mientras que las hembras miden entre 61-80 cm y pesan alrededor de 64 kg.

1. **¿Cómo se llama el mastín más antiguo que se conoce?**

2. **¿Cómo llegó a Europa?**

3. **¿Qué significaba en latín el nombre del perro?**

4. **¿Dónde se conservó el mastín napolitano?**

5. **¿Son iguales los machos y las hembras de mastín napolitano?**

Lectura en voz alta

Contesta:

- **¿Qué lectura realizas cuando lees para ti?**

  ☐ Lectura en voz alta. ☐ Lectura silenciosa.

- **¿Cómo lees para los demás?**

  ☐ En silencio. ☐ En voz alta.

- **¿Qué es lo más importante cuando realizas una lectura en voz alta?**

  ☐ Que entiendan tu mensaje. ☐ Entretener a los que te escuchan.

- **Señala algunas de las habilidades que tienes que desarrollar cuando lees frente a un público:**

  ☐ Postura adecuada. ☐ La escritura. ☐ Lectura silenciosa. ☐ Velocidad.
  ☐ Expresividad. ☐ Hacer reír. ☐ Pronunciación. ☐ Volumen.

Lee este texto en voz alta. Para ello sitúa las palabras del recuadro en su lugar correspondiente. Prepáralo antes.

La tormenta duraba ______________. Tres días lloviendo son una ______________ para los que van a disfrutar del sol y la playa. Y no digamos para los que esperan llenar la ______________ aprovechando el verano.

Los ______________ estaban de un humor malísimo, y Aurelia, la abuela de Nieves, de Marian y de ______________, los había invitado a comer buñuelos ______________ por ella. No es que solucionaran ______________ los problemas, pero consolaban bastante.

Los tres estaban sentados a la ______________ de la cocina, esperando que ______________ de la sartén. Además, se presentaron Repe, Vicente y su ______________ Laura, que vivían en la casa de al ______________ y leían todo lo que pillaban. Para vender en la playa, a Vicente se le había ______________ escribir la historia de Torredemar en ______________, con letra gótica y en ______________ color butano, para que resaltara. Un trabajo hecho a ______________ que la gente no apreciaba.

lado
chicos
ocurrido
conciencia
calamidad
hechos
salieran
demasiado
verso
Nicolás
mesa
todos
cartulina
hermana
hucha

AUTOEVALUACIÓN ¿Te adelantas al texto antes de pronunciarlo?

☐ En varias ocasiones ☐ Casi nunca ☐ ¡Glup! ¡Nunca!

- **Lee la siguiente oración en voz alta con las distintas entonaciones de los recuadros:**

La junta directiva también me ha encargado que le haga una entrevista para publicar en el periódico local. Si le parece bien...

Triste | Riendo | Llorando | Canturreando | Enfadado

Susurrando | Tartamudeando | Asustado | Alegre

AUTOEVALUACIÓN Valora tu entonación en la lectura:

☐ Muy buena ☐ Buena ☐ Suficiente ☐ ¡Tengo que mejorar!

- **Lee este texto variando el volumen según te indique el tamaño de las letras.**

Conseguidooooooo el objetivo de la opeeeeeeeración, se disponían a marchaaaaaaarse lo más rápido posiiiiiiible cuando oyeron que seeeeeeee abría la puerta que daba a la habitación contiiiiiiigua. Los miraba muy seria uuuuuuuna mujer mayor que reeeeeeeespondía a la descriiiiiiipción que de ella habían oídooooooo: alta, erguida, descalza, vestida de rojo, con el peeeeeeelo del mismo color. Y cooooooomo la descripción incluía paaaaaaarentescos temiiiiiiibles y poderes misteriosos, permaneeeeeeecieron quietooooooos, callados, con más miedo deeeeeeel que huuuuuuubieran querido confesaaaaaaar.

AUTOEVALUACIÓN ¿Utilizas un volumen adecuado para que todos puedan escucharte?

☐ Siempre ☐ A veces ☐ ¡Nunca!

- **Lee este texto en voz alta. Cada vez que llegues al micrófono, levanta la mirada hacia el auditorio.**

Torredemar es un bonito pueblo de pescadores, pero los veraneantes, extranjeros en su mayoría, acuden principalmente por sus puestas de sol. Al caer la tarde se sientan en la playa formando una larga fila y se quedan como hipnotizados, con la vista al frente, esperando el espectáculo.

Y vale la pena. Cada día es diferente y no se sabe cuál es mejor. Como si el encargado de pintarlo quisiera lucirse haciendo toda clase de combinaciones con los colores conocidos y, al mismo tiempo, inventando otros que nadie hubiera sospechado que existieran.

AUTOEVALUACIÓN ¿Cuántas veces has dirigido la mirada al auditorio mientras leías?

- [ ] En varias ocasiones
- [ ] Casi nunca
- [ ] ¡Glup! ¡Nunca!

- **Lee este texto cinco veces, variando la velocidad, según indica el cuadro.**

—¡Les hemos zurrado de lo lindo!
—¡Ahora ya saben quién manda en Torredemar!
—¡Abajo los invasores!
—¡Arriba ADEPOT!
—¡ADEPOT! ¡Ra, ra, ra!

—¿Has visto a Marian?
—No. ¿Por qué?
—Ha desaparecido.
—¿Cuándo?
—Hace un rato. La dejé con Perico y...

—¡Hemos ganado!
—¡Ya no les quedarán ganas de meterse con nosotros!
—¡Abajo los del pueblo!
—¡Basta!
—¡Dejad de pelearos!
—¡Escuchadme, por favor!

1. Velocidad normal.
2. Velocidad muy lenta.
3. Velocidad muy rápida.
4. Un párrafo lento, otro rápido y otro lento de nuevo.
5. Una línea rápida y otra lenta, subiendo y bajando el tono de voz.

AUTOEVALUACIÓN ¿Tu velocidad es la adecuada para que tu mensaje llegue a todos los que escuchan con claridad?

- [ ] Siempre
- [ ] A veces
- [ ] ¡Nunca!

Leed este diálogo en voz alta por parejas. Ensayad el texto completo. Leedlo dos veces intercambiando los personajes en cada una de ellas.

NIEVES.—Creo que sé dónde puede estar Marian.
NICOLÁS.—¿Sí? ¿Dónde?
NIEVES.—Piensa un poco. ¿Qué es lo que más le importa en esta vida? (...)
NICOLÁS.—No sé... Su gorro peruano.
NIEVES.—Puede. ¿Y qué más?
NICOLÁS.—Tú.
NIEVES.—Su oso de peluche, Nico. Puchi le importa muchísimo. ¡La de noches sin dormir que nos hemos pasado las dos por su culpa!
NICOLÁS.—¿Entonces?
NIEVES.—Esta tarde estuvimos en casa de Margaret Jekyll.
NICOLÁS.—¿De quién?
NIEVES.—Ya te contaré. Lo que te quiero decir ahora es que nos fuimos corriendo y Puchi se le cayó en el jardín. Para mí que ha ido a buscarlo.
NICOLÁS.—¿Crees que sabrá encontrar el camino?
NIEVES.—Creo que Marian sabe mucho más de lo que nosotros nos imaginamos.

AUTOEVALUACIÓN Valora tu entonación en la lectura:

☐ Muy buena ☐ Buena ☐ Suficiente ☐ ¡Tengo que mejorar!

Ensaya estos trabalenguas para luego recitarlos sin dudas ni pausas en voz alta.

Por ese monte arriba, va una cabra ética, perlética, perleticuda, mochicalva y hocicuda. Si esa cabra no fuera ética, perlética, perleticuda, mochicalva y hocicuda, no tendría los cabritos éticos, perléticos, perleticudos, mochicalvos y hocicudos.

Me han dicho que has dicho un dicho,
un dicho que he dicho yo.
Ese dicho que te han dicho
que he dicho, yo no lo he dicho.
Y si yo lo hubiera dicho, estaría
muy bien dicho, por haberlo dicho yo.

AUTOEVALUACIÓN Valora tu entonación al recitarlo:

☐ Muy buena ☐ Buena ☐ Suficiente ☐ ¡Tengo que mejorar!

Escucha y comprende

Escucha atentamente el texto que va a leer tu profesor. Cuando termine, contesta a las preguntas.

1. **¿Qué tipo de texto has escuchado?**
   a. Una novela romántica.
   b. Una novela de terror.
   c. Una obra de teatro.
2. **El autor se llama...**
   a. Stevenson.
   b. Stainer.
   c. Stravinsky.
3. **Es una representación de...**
   a. una antigua tradición.
   b. una historia de amigos.
   c. una enfermedad mental.
4. **Jekyll crea una poción que tiene la capacidad de...**
   a. separar la parte buena del lado malo.
   b. convertir en un monstruo.
   c. ser muy refrescante.
5. **Jekyll se convierte en Hyde que es...**
   a. un monstruo caníbal.
   b. un criminal de los peores.
   c. un amigo del doctor.

6. **¿Cómo termina la historia?**

____

7. **Escribe el nombre completo del libro.**

____

8. **¿Por qué crees que es una novela de terror?**

____

____

9. **¿Consideras que es una obra muy conocida internacionalmente? Explica por qué.**

____

____

10. **Explica la moraleja con tus palabras.**

____

____

____

Epílogo

Ya has terminado de leer la historia, pero quedan algunos temas de los que no hemos tenido noticia. Resuélvelos con tu imaginación.

- **¿Cómo consigue Nieves el dinero para asistir al concierto?** ______
- **¿Dónde ha dejado a su hermana?** ______
- **¿Cómo se habrá tomado la abuela la asistencia al concierto? Imagina lo que dirá.** ______
- **¿Qué ha hecho que Margaret asista al concierto?** ______
- **¿Dejará de llevar una vida oculta y aislada?** ______
- **¿Cómo será, en el futuro, la relación entre Nieves y Margaret?** ______

Para finalizar, valora el libro:

- **¿Qué impresiones has sacado de la lectura del libro?** ______
- **¿Has descubierto lo que puede ser un «potingue»? Explícalo con tus palabras.** ______
- **¿Ha respondido el texto a lo que esperabas desde el principio? ¿Por qué?** ______

Señala la respuesta de acuerdo con tu valoración del libro *El extraño caso del potingue rojo*.

☐ Genial. ☐ Interesante. ☐ Normal. ☐ Poco divertido.

Dirección del proyecto editorial
Jesús Hinojal

Autores
Equipo de Lectura Eficaz

Coordinación del proyecto editorial
Estrella Marinas

Coordinación de edición
Ana Yáñez

Coordinación de preimpresión
Alberto García

Coordinación de diseño
Cristóbal Gutiérrez

Diseño de interior
Paco Sánchez

Ilustración
Dani Jiménez

Fotografía
Shutterstock

Las actividades de este cuaderno, que se basan en el libro *El extraño caso del potingue rojo,* de Carmen Vázquez-Vigo, publicado por Grupo Editorial Bruño en su colección «Altamar», número 195, están elaboradas de acuerdo con los criterios psicopedagógicos y los requerimientos del Proyecto Editorial de **Juegos de Lectura - Lectura Eficaz.**

La denominación **Juegos de Lectura - Lectura Eficaz** (distintivo con gráfico) está registrada a nombre de Grupo Editorial Bruño, S. L. (marca M1567099).

Juan Ignacio Luca de Tena, 15
28027 Madrid

ISBN: 978-84-696-1530-0
Depósito legal: M-7530-2017
Printed in Spain